Los naipes en el espejo

ARMANDO DE ARMAS

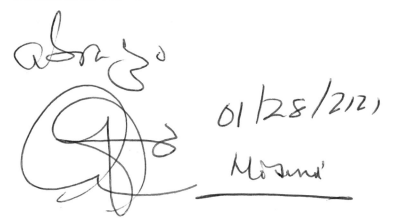

Los naipes en el espejo

Armando de Armas

© Armando de Armas, 2016
Reservados todos los derechos de la presente edición

Edición: Armando Añel
Portada: Daphne Rosas
Foto de contraportada: Delio Regueral

Los naipes en el espejo
Segunda edición corregida, aumentada y comentada

COLECCIÓN ENSAYO
ediciones@neoclubpress.com
neoclubpress.com

INDICE

CUATRO NOTAS INTRODUCTORIAS
Verdad y simpatía en los partidos
políticos de Estados Unidos. 9
Sobre los naipes en el espejo 12
Ensayos en época de elecciones. 14
Un libro del Renacimiento 15

LOS NAIPES EN EL ESPEJO

UNOS INSOSPECHADOS REACCIONARIOS ESTADOUNIDENSES
Póker: Manejo mediático de las cartas. 25
El naipe de la ley de los derechos civiles de 1964. 30

UNOS INSOSPECHADOS RICOS ESTADOUNIDENSES
Andrew Jackson, camorrista, demócrata y masón 35
Una eficaz operación de marketing político. 37
Los mitos y la realidad. 39

EL ESPÍRITU DE LA ÉPOCA
La Política. 43
El hombre sin atributos 48

BARACK HUSSEIN OBAMA O EL GOLDEN BOY DEL IMAGINARIO POLÍTICO ESTADOUNIDENSE
    El Oba frente al tablero de Ifá. 53

AÑADIDO A ESTA SEGUNDA EDICIÓN DE 2016
    Obama, segundo mandato 61
    Los precandidatos en 2016 74
    Un repaso a Hillary Clinton 77
    Ted Cruz 86
    El fenómeno Donald Trump 92
    Trump y el tiempo bisagra 96
    Acerca del autor 113

CUATRO NOTAS INTRODUCTORIAS

Verdad y simpatía en los partidos políticos de Estados Unidos

Emilio Ichikawa

Los naipes en el espejo, de Armando de Armas, es un ensayo paradójico: intenta poner algunas cosas en claro, pero el camino hacia la luz no consiste tanto en ir dejando señales como en ir derribando las que existen. Profana conceptos y creencias con los que ciertamente no nos sentíamos tan incómodos.

Este ensayo ha tenido el propósito y la oportunidad de aparecer en el contexto electoral norteamericano de 2012. En ese marco evoca historia y deslinda conceptos que interesan a los principales partidos en contienda. En esta situación, sin embargo, más que por influir sobre la marca en la boleta, De Armas se interesa en problematizar los motivos de la decisión. ¿Es usted Demócrata cuando vota Demócrata? ¿Es Republicano cuando vota Republicano? La respuesta puede ser afirmativa… pero no necesariamente por lo que usted pensaba.

De Armas empieza por escamotear una cuota de derecho histórico al estereotipo que concede al Partido Demócrata más mérito en la defensa de los derechos civiles que al Partido Republicano. Algo que muchos Republicanos no tendrían inconveniente en admitir, siempre que se formulara de otra manera. Por ejemplo: el Partido Demócrata es responsable de una equivalencia multicultural y multiétnica —relativista— que ha descentrado a la nación de los valores universales en que se fundó. Pero lo que apunta De Armas es que, a pesar de todo, el avance en materia de derechos civiles debe tanto o más a los Republicanos que a los Demócratas.

Históricamente hablando. Para sustentar lo anterior el autor hace un recorrido por la escritura política norteamericana, mostrando los aportes Republicanos a la apertura civil.

Un ejercicio similar emprende con el tema de la emigración; particularmente la de tipo ilegal que se produce desde la frontera sur. De Armas sencillamente despacha como propaganda mediática la tesis de que el Partido Demócrata sea, como efectivamente se dice, el Partido de los emigrantes. Sin más preámbulos, respecto a las migraciones latinoamericanas de los años 70-80, el autor adjudica al gobierno de Ronald Reagan el haber encarado los efectos del fenómeno con el Acta de Control y Reforma Migratoria que consiguió la más amplia solución en aquellos momentos. En contraposición a lo anterior, señala que el Presidente Obama, incluso habiendo dispuesto por dos años de un control legislativo muy cómodo, logró casi nada en materia migratoria.

Luego pasa por la trituradora un tercer dogma público: que el Partido Republicano es el partido de los ricos, mientras el Demócrata el de los menos ricos; con el consabido reparto desigual de simpatías que un valor formalmente aupado como la humildad reporta. Aunque a esta altura se puede prever la conclusión, De Armas no tiene prisa por imponer resultados y se remonta a Andrew Jackson en busca de eventos esclarecedores. Uno de ellos es la fundación moderna del Partido Demócrata como una maquinaria "populista" capaz de consagrar estas leyendas y mitos políticos cuya falibilidad es una de las constantes intelectuales de la obra ensayística de Armando de Armas; y no solo de este ensayo *Los naipes en el espejo*. Su libro *Mitos del antiexilio*, dedicado a "masacrar" las etiquetas que la comunidad cubana en los EEUU ha pegado sobre su propio lomo, confirma la hipótesis.

Sin divagar en sermones, y con notable humor, De Armas echa mano a talonarios y cheques para ensayar unas relaciones entre dineros y filiación política que alcanza al par Bush-Kerry. Finalmente hay que decir que la publicitada sencillez del Presidente Obama no tiene buena suerte bajo el escrutinio de este ensayo.

Armando de Armas termina *Los naipes en el espejo* con una meditación sobre la época y esbozando una antropología de los nuevos tiempos que matiza sus propias conclusiones. Porque *Los naipes en el espejo*, a pesar de lo señalado, no es el trabajo de un ideólogo republicano que intenta rebajar la altitud del Partido Demócrata; mucho menos quitarle electores. Es, como se apuntó al inicio, un esfuerzo por sincerar el juego; porque, como dice el propio autor, "el problema estaría en las cartas trucadas, en jugar con las cartas trucadas. En ofender la inteligencia de los votantes. El problema está en la demagogia".

Diciembre de 2011, Miami

Sobre *los naipes en el espejo*
Julio M. Shiling

En la política, la percepción es fundamental. A veces, hasta puede superar la realidad. La cultura dominante hace que corrientes e ideas puedan llegar a tener un mérito inmerecido. Esto se concreta cuando llegan a prevalecer premisas que cuentan mucho más con una fabricación ideológica que con matices de la verdad. En la política, esta manipulación de los hechos muestra su rostro enmascarado demasiado visible. Armando de Armas en *Los naipes en el espejo*, con coraje y precisión intelectual, expone este fenómeno.

Escoge el autor la política estadounidense para presentar el caso y armado con datos potentes y reveladores, desmitifica percepciones falsas que han servido a los intereses políticos de un partido sobre el otro. Algunos de los temas que de Armas expone, brillantemente, incluyen la problemática racial y el bagaje de la esclavitud, la discriminación y sus remedios bélicos y, años más tarde, la receta convencional de las leyes. La Guerra Civil Norteamericana, la resistencia a la emancipación de los negros estadounidenses y todas las leyes que a través de los siglos XIX y XX se llevaron a cabo, contradicen la cultura popular equivocada. El autor desploma la falsificación de los hechos con información objetiva.

La noción de que un partido, el Demócrata, es para los "pobres" y que el otro, el Republicano, sirve a los "ricos", ha sido parte de la narrativa no sólo de las campañas políticas. Los medios en particular y la cultura en general, parecen reflejar esta invención. Con facilidad de palabras, de Armas sorprende al lector con datos que despedazan los mitos clasistas diseñados para promover imágenes y distorsionar la realidad. Cabalmente, de Armas defiende los hechos.

Los naipes en el espejo es una obra que debe de estar en cada hogar. Contiene la dinamita necesaria para romper el cerco de la ignorancia política. ¡Hay que saludar este trabajo de Armando de Armas!

Marzo de 2014, Miami

Ensayos en época de elecciones
Carlos Alberto Montaner

Armando de Armas ha escrito unos breves ensayos esclarecedores sobre "demócratas" y "republicanos". Eso se agradece doblemente en época de elecciones.

Le sorprenderá al lector hispano, poco familiarizado con la historia de Estados Unidos, saber que el Partido Demócrata actual es obra de Andrew Jackson, el duro *Old Hickory,* sexto presidente del país, esclavista y populista, mientras Abraham Lincoln, décimo sexto presidente, es el primer jefe de Estado y de Gobierno del Partido Republicano, liberador de los esclavos.

Los demócratas, pues, usurpan una categoría de "progresistas" que, al menos en el pasado, no les correspondía. Dicho sea de paso, Lincoln fue el primer presidente asesinado en la historia de Estados Unidos, pero pudo ser Jackson, pues fue el primero en sufrir un atentado, afortunadamente fallido.

Ambos resultaron tan importantes en la historia del país, al menos en la etapa de formación y consolidación, que el retrato de Lincoln quedó inmortalizado en los billetes de cinco dólares, mientras Jackson comparece en los de veinte. Y con la plata, como sabemos, no se juega. Es un asunto siempre muy serio.

Marzo de 2016, Miami

Un libro del Renacimiento
Armando Añel

La reedición de *Los naipes en el espejo* en este año electoral de 2016 en Estados Unidos, justo cuando la contienda entra en su zona más caliente y determinante, es para Neo Club Ediciones motivo de orgullo y fuente de entusiasmo. Se trata de un ejemplo de la ensayística cubana más cosmopolita, pensamiento que no se conforma con auscultar lo cubano y se expande a la par de su imaginario demográfico.

Como ya dije en una ocasión a propósito del libro *Mitos del antiexilio*, del propio autor, Armando de Armas no es un conformista. No se contenta con aletear sobre teorías alambicadas o lugares comunes, como hace un significativo sector de la analítica contemporánea, sino que golpea al lector directamente, desnudando el asunto en la piel del hecho concreto. Así, este ensayo roza lo testimonial o lo periodístico en el sentido de que el autor, fiel a su praxis ciudadana, ejemplifica más que teoriza. Aquí no somos abrumados por consideraciones teóricas o especulaciones académicas, o por ese aluvión de citas y referencias al margen que provoca que, en algunos ensayos actuales, un tercio del texto aparezca en el apartado de notas y bibliografía. De Armas no convence desde el mamotreto, sino desde el hecho consumado.

La inversión de los términos del debate, técnica ya usada por Armando de Armas en *Mitos del antiexilio*, vuelve a funcionar en este libro breve, casi noticioso y, sin embargo, profundo, sustancial. El Partido Demócrata no es lo que mucha gente piensa que es, y el autor lo demuestra inobjetablemente, acudiendo a la historia y a anécdotas puntuales. En este rango de análisis el libro trae a colación la figuras de John Kerry, los Clinton y Barack Obama como ejemplos de políticos que con su considerable solvencia económica en buena medida "traicionan" el estereotipo de lo que supuestamente debería ser la izquierda, sobre todo si nos atenemos a su narrativa y/o retórica. Casi nada casi nunca es lo que parece, y en los predios del "socialismo científico"—calificativo que adjunto medio en broma, medio en serio—mucho menos.

Y no es que sea malo acumular capital a la izquierda o a la derecha, por supuesto, sino que, como advierte el autor, nos lo disfracen con la alevosa picardía de quien extiende un caramelo envenenado. El problema, subraya De Armas, pasa por la demagogia y un Espíritu de Época que obstaculiza el emprendimiento y la libertad individual. Que incluso demoniza el libre flujo de ideas cuando estas no engrosan el círculo vicioso de lo políticamente correcto.

Y por aquí entra el libro en su fase medular. Machacando sin cesar el Espíritu de la Época. Un tema que obsesiona a Armando de Armas desde que lo conozco, y lo entiendo. Aunque no voy a explicar en esta introducción por qué, sería adelantar un análisis que el lector debe disfrutar y recrear a fondo, a medida que se adentra en *Los naipes en el espejo*. "La Política, como en el Renacimiento, no debería temer a las palabras, pero tampoco a las acciones", nos recuerda el autor. "La Política está obligada a rescatar el valor de la palabra libertad".

Este es un libro oportuno no solo en clave electoral, en momentos en que Estados Unidos se apresta a decidirse entre la continuidad obamista o la ruptura republicana, sino también en un sentido sociocultural. Un libro que apuesta por un nuevo espíritu. Que lo evoca y vuelve atractivo.

Abril de 2016, Miami

LOS NAIPES EN EL ESPEJO

Ahora vemos por espejo oscuramente;
mas entonces, cara a cara...
Carta de San Pablo a los Corintios

A Mimí, Andy, Amanda, Armando III y Ariadna,
también a Andy Armando, Anthony, Omar,
Angelina y Jesús Armando;
con la esperanza de que nunca vean por espejo

UNOS INSOSPECHADOS REACCIONARIOS ESTADOUNIDENSES

Póker: Manejo mediático de las cartas

El Demócrata podría ser el partido de la reacción en Estados Unidos. Ningún problema con la reacción. El problema estaría en la estafa, casi siempre mediática, de venderse a todo trance, y a veces en trance, como partido progresista en tanto los hechos demostrarían exactamente lo contrario.

Veamos la historia. Abraham Lincoln (12 de febrero de 1809 - 14 de abril de 1865) fue el decimosexto Presidente de Estados Unidos y el primero por el Partido Republicano; y como decidido oponente a la expansión de la esclavitud, Lincoln ganó la nominación de su partido en 1860 y resultó elegido presidente de la nación a finales de ese año. Durante su período presidencial ayudó a preservar la unidad del país derrotando en la Guerra Civil —¡con ferocidad hay que decir!— a los secesionistas y esclavistas Estados Confederados de América, integrados por los once estados del Sur que proclamaron su independencia. El partido de los secesionistas y esclavistas, aclaremos, no era otro que el Demócrata.

Entonces, el Partido Demócrata luchó en esa guerra para extender la esclavitud, y no sólo eso, sino que después de la contienda estableció las Leyes Jim Crow, los Códigos Negros y otras leyes represivas para negar derechos a los negros americanos. En ese contexto es que se funda en 1865 la primera célula del legendario y tenebroso Ku Klux Klan, constituido por veteranos del Ejército Confederado que, después de la Guerra de Secesión, quisieron resistirse a la Reconstrucción; período de 10 años durante el cual se le dio un poder político sin precedentes a los afroamericanos.

Es bueno aclarar que el Ku Klux Klan fue financiado, apoyado y promovido por las élites sureñas del Partido Demócrata y no vino a ser formalmente disuelto sino hasta 1870, por el Presidente republicano Ulysses S. Grant y a través del Acta de Derechos Civiles de 1871.

Hay que decir además que a partir de 1871 y hasta 1930, en un esfuerzo desesperado por negarles los derechos civiles y evitar que votasen a favor de los republicanos, miles de afroamericanos fueron baleados, golpeados, linchados, mutilados e incinerados vivos por los miembros, ahora clandestinos, del Klan, y algo aún peor: más adelante los presidentes demócratas Franklin D. Roosevelt y Harry Truman rechazarían consistentemente las denominadas leyes contra los linchamientos, por un lado, y por el otro, los intentos con vista a que se estableciera una Comisión para los Derechos Civiles que permanentemente velara en el sentido de evitar las flagrantes violaciones a los derechos de los negros.

Por otra parte, es obra del Partido Republicano el logro de las enmiendas constitucionales 13, 14 y 15 que garantizarían a los negros estadounidenses la libertad, la ciudadanía y el derecho al voto, además del Acta de los Derechos Civiles de 1866 y 1875 que prohíbe la discriminación racial en los lugares públicos.

Así, el presidente republicano y general de cinco estrellas de la Segunda Guerra Mundial, Dwight David, Ike, Eisenhower, abogó en los años 50 por la incorporación de las minorías al Ejército y apoyó decididamente los derechos civiles de las mismas. Los republicanos pasaron también el Acta de Derechos Civiles de 1957 (el principal oponente que tuvo Ike para su aprobación fue nada menos que el entonces jefe de la mayoría demócrata en el Senado y posterior presidente, Lyndon B. Johnson, quien había votado por la postura absolutamente segregacionista hasta que, obligado por las circunstancias políticas, terminó finalmente por apoyar el Acta de 1957), de 1964 y 1965 a favor de los afrodescendientes, y establecieron además los programas de Acción Afirmativa que ayudarían a prosperar a los negros. Programas que fueron propuestos por el presidente republicano Richard Nixon, en el llamado Plan de Filadelfia de 1969 y que abrió paso en 1972 al Acta de Oportunidades Igualitarias de Empleo, lo que finalmente haría ley de la nación los Programas de Acción Afirmativa. Ni siquiera se trata, puntualicemos, de que la Acción Afirmativa sea algo verdaderamente progresista para los negros, asunto en verdad muy debatible. Se trata, en definitiva, del rédito que indebidamente obtienen los demócratas por algo que le corresponde, más que nada, a los republicanos. Y algo similar ha ocurrido con la inmigración ilegal latinoamericana. La propaganda mediática, en las estaciones de radio y televisión en español, induce sutil o abiertamente a los recién arribados a tierras norteñas para que, una vez legalizados, voten por los demócratas como decididos defensores de la Raza (Raza llaman acá a los provenientes del sur, sobre todo si son mexicanos y, obligada observación, ni hablar la que se armaría si los medios en inglés empezaran un día a abogar para que se vote a favor de la Raza, no ya la del sur, sino la del norte, es decir, la anglosajona, peor aún, el día en que los anglosajones comiencen a autoproclamarse como la Raza). Pero sucede que a partir de la década de los setenta se desarrolla en Estados Unidos una de las más grandes olas migratorias de todos los tiempos; ola proveniente fundamentalmente de América Latina y que da por resultado, entre otras cosas, que finalmente se decida debatir en el Congreso de la nación varios proyectos de legalización de indocumentados. Los indocumentados arribaban por miles de México, Centroamérica, Colombia, Perú, Argentina, Chile, Uruguay, Ecuador, afectados por una fuerte crisis económica en la región, dictaduras, subversión comunista y narcotráfico.

Entonces, en 1986, durante la presidencia del republicano Ronald Reagan, se aprueba el Acta de Control y Reforma Migratoria, una amplia amnistía para los indocumentados que cumplieran ciertas condiciones, y como resultado de la misma cerca de 3 millones de inmigrantes solicitaron su residencia legal bajo los auspicios de dicha ley. La verdad es que trece años más tarde el número de ilegales roza los 12 millones. Barack Obama y los demócratas estuvieron durante dos años en control absoluto de la Cámara de Representantes y el Senado debido, entre otras razones, a unas encendidas promesas que hicieron a diez millones de votantes hispanos que desempeñaron un papel decisivo en la elección presidencial de 2008: los hispanos apostaron a Barack Obama por un margen de 2 a 1, dándole el triunfo en los cuatro estados que el candidato demócrata arrebató al Partido Republicano, es decir, Florida, Colorado, Nevada y Nuevo México. Nada hicieron entonces Obama y los demócratas para emular a Reagan y los republicanos en 1986, menos harían después de perder aplastantemente la mayoría en la Cámara de Representantes en 2010.

Peor que eso, según un reporte del Movimiento por una Reforma Migratoria Justa, el presidente de Estados Unidos, Barack Obama, ha superado a su predecesor George W. Bush en el número de deportaciones de inmigrantes ilegales. El reporte apunta que en el primer año de la administración Obama, el Servicio de Inmigración y Aduanas deportó a 387 mil 790 inmigrantes, un incremento del 61.8 por ciento con respecto al promedio de 240 mil deportados anuales bajo el segundo periodo de la administración de Bush. Es decir, estamos hablando de un promedio de mil deportados diarios con la administración de Obama, en comparación con los 650 inmigrantes deportados diariamente durante el segundo mandato de Bush.

El naipe de la ley de los derechos civiles de 1964

Se pretende un Partido Demócrata que habría comenzado siendo reaccionario y terminado progresista, y un Partido Republicano que habría comenzado siendo progresista y terminado reaccionario. Esa mágica metamorfosis ocurriría, definitoriamente, al atribuírseles al Partido Demócrata y al presidente John F. Kennedy el mérito por la aprobación de la Ley de los Derechos Civiles de 1964. No obstante deberíamos analizar, más allá del mito, lo realmente sucedido.

En 1957 Kennedy, consecuente con la práctica tradicional de su partido, votó en contra de la Ley de Derechos Civiles, y en 1963 se opuso a la masiva marcha (participarían unas 200 000 personas) dirigida por el Dr. Martin Luther King Jr. en Washington. Más tarde el Dr. King criticaría duramente a Kennedy por ignorar la causa de los derechos civiles de los afroamericanos y, por cierto, votaría siempre por el bando republicano.

La Ley de los Derechos Civiles de 1964 (Civil Rights) fue aprobada en el Congreso por 290 votos a favor y 130 en contra. De los republicanos, el 80 por ciento votó a favor de la ley. De los demócratas, el 61 por ciento hizo otro tanto. Quiere esto decir que sólo el 20 por ciento de los republicanos votó en contra de los negros, mientras que los demócratas lo hicieron en un 39 por ciento: el doble, menos un punto.

En el Senado la votación resultó de 73 a favor de la ley que favorecía a los negros y 27 en contra. Nada más que seis republicanos votaron en contra de la ley, frente a 21 demócratas que hicieron lo mismo. El 2 de julio de 1964 el presidente demócrata Lyndon

Johnson firmó la ley que, finalmente, ponía en el papel los derechos de igualdad de todos los ciudadanos en Estados Unidos. Estas cifras, desde cualquier ángulo que se les mire, parecen apuntar a que sería más apropiado, o más justo, decir que la Ley de los Derechos Civiles de 1964 sería aprobada no por los demócratas, sino a pesar de los demócratas.

Entrevistado por el autor para este trabajo, el entonces congresista federal republicano Lincoln Díaz-Balart ha dicho que "requirió gran coraje político de parte de Lyndon B. Johnson decidirse por las importantes leyes de 1964 y 1965", y que Kennedy no hizo nada en ese sentido. Agrega también Díaz-Balart que "Johnson, antes de ser presidente, no había apoyado los derechos de los afroamericanos, pero que sí fue clave su liderazgo ya como presidente para las leyes del 64 y el 65". Es bueno aclarar, en aras del balance, que el oponente republicano de Johnson en las elecciones de 1964, y autor de una obra cumbre del conservadurismo norteamericano, *The Consciente of a Conservative* (*Conciencia de un conservador*), Barry Goldwater, se oponía también decididamente a las leyes del 64 y el 65.

Digamos además que el senador demócrata Robert Byrd, de West Virginia, un ex miembro del Ku Klux Klan, desarrolló en junio de 1964 un discurso dilatorio en el Senado, denominado obstruccionista en la jerga legislativa, en un desesperado esfuerzo por bloquear el paso del Acta de Derechos Civiles de 1964. No obstante, cosas veredes, el senador Byrd fue ensalzado en abril del 2004 por el senador demócrata Cristopher Dodd como alguien que, de tener la oportunidad, habría sido durante el transcurso de la Guerra Civil no un simple participante, que con chiquitas no se anda, sino un gran líder a favor de la causa... ¿De los esclavistas dijo?

No, hombre, qué va, de los esclavos. Eso dijo Dodd, pretendiendo desconocer olímpicamente la historia; la historia de Byrd.

Por cierto, entre los demócratas que en 1964 votaron oponiéndose al Acta de los Derechos Civiles estaba el senador Al Gore, padre de ese otro Al Gore que fuera vicepresidente en la época de Bill Clinton, candidato presidencial demócrata contra George W. Bush en el año 2000 y Premio Nobel de la Paz en el presente, esto último gracias a su empeño —¡denodado y heroico hay que decir!— por salvar al planeta Tierra de gases invernaderos y malvados capitalistas. Ningún problema con la reacción, repetimos. El problema estaría en las cartas trucadas, en jugar con las cartas trucadas. En ofender la inteligencia de los votantes. El problema está en la demagogia.

UNOS INSOSPECHADOS RICOS ESTADOUNIDENSES

Andrew Jackson, camorrista, demócrata y masón

El Partido Demócrata podría ser cada vez más, como en el pasado, el partido de los ricos. Ningún problema con los ricos, sin ricos no hay país. El problema estaría en la estafa, casi siempre mediática, de venderse a todo trance, y a veces en trance, como el partido de los pobres, en tanto los hechos parecen desmentirlo.

El Partido Demócrata surge como un desprendimiento del antiguo Partido Demócrata-Republicano de Estados Unidos, que gobernaba el país de forma ininterrumpida desde 1801 y entra en crisis en 1824, debido a que se elegía por primera vez por sufragio universal y directo, y hubo varios candidatos presidenciales que se decían demócratas-republicanos y reclamaban el voto popular.

Uno de esos candidatos era el General Andrew Jackson, un legendario héroe de la Guerra Anglo-Americana de 1812 a 1815, quien perdió la presidencia a pesar de haber ganado la mayoría relativa del voto popular, debido al procedimiento del Colegio Electoral que estipula que, si ninguno de los candidatos obtenía la mayoría absoluta, entonces el Congreso debía elegir al presidente entre los candidatos más votados en su seno, y el Congreso eligió a John Quincy Adams. Entonces Jackson y sus partidarios comenzaron a fundar por todo el país las filiales de un nuevo partido que aún no tenía un nombre determinado; un partido cuya agenda sería precisamente llevar a la presidencia al General Jackson.

Es bueno apuntar, como dato interesante, que este nuevo partido contaba con la formidable maquinaria partidista del

Estado de Nueva York, heredada del desaparecido Partido Demócrata-Republicano, y que gracias a ello se transformó en el primer partido popular —lo que hoy denominaríamos populista— de la historia norteamericana, al movilizar a las masas y valerse sistemáticamente de una cadena de periódicos amarillistas. Esta cercanía con la prensa, algo que mantiene en el presente, explicaría no sólo el eficaz y proverbial manejo de la opinión pública por parte de esta agrupación, sino su capacidad para, en una especie de juego de espejos, apropiarse más o menos indebidamente de aspectos o tendencias gratos al inconsciente colectivo: en el caso que nos ocupa, la virtud de la pobreza, de profunda raíz cristiana, primero, y abundante follaje marxista después.

Como curiosidad digamos que Jackson fue un eminente masón, Gran Maestro de las Logias de Tennessee, hombre controversial y valeroso que se había batido varias veces en duelo, y que comandó las fuerzas americanas que derrotaron a los ingleses en la batalla de Nueva Orleans en 1815. En 1829, en la fiesta de su ascensión al poder, se vio a miles de personas pobres llegando a la Casa Blanca en un inusitado espectáculo de peregrinación. Pero el baño de masas sería corto para el nuevo partido, pues apenas dejar la presidencia el general Jackson en 1837, cada vez más derivaría para llegar a convertirse en la agrupación política de las elites enriquecidas y esclavistas del Sur estadounidense.

Una eficaz operación de marketing político

La verdad es que, a partir de entonces, definir al Partido Demócrata como el de los pobres no fue nunca más allá de un estereotipo. Una operación de marketing político eficazmente montada, que comenzaría a desmoronarse decisivamente a partir de las décadas de los 60 y 70 con la emigración masiva hacia el Partido Republicano de las minorías étnicas, campesinos de bajos ingresos, religiosos, agentes del orden, obreros, mujeres y veteranos del Ejército.

Lo cual acontecía al tiempo que grandes sectores de la clase rica norteamericana, integrada por banqueros, hombres y mujeres de la exclusiva academia estadounidense, abogados, poderosos empresarios de la prensa, millonarios de último minuto y famosísimos artistas hollywoodenses, emigraban rápida y oportunamente hacia el Partido Demócrata.

Por ejemplo, Donald Lambro ha publicado en The Washington Times del 23 de noviembre de 2007, un estudio de Michael Franc, vicepresidente de relaciones gubernamentales de la Heritage Foundation, que basado en datos del Internal Revenue Service evidencia que los distritos más ricos de Estados Unidos son feudos de los demócratas. Más de la mitad de los distritos que poseen más dinero en Norteamérica pertenecen a 18 estados en que los demócratas controlan los dos escaños del Senado. El estudio llega a ese resultado teniendo en cuenta el número de contribuyentes individuales, acorde con sus declaraciones de impuestos, que tienen ingresos de $100 000, o superiores, y el número de parejas con declaraciones que muestran ingresos de $200 000, o superiores. Digamos que la mayoría de los hogares en los distritos de los demócratas ganan alrededor de $49 000, cifra superior al promedio nacional, que es de unos $40 000 aproximadamente.

Así, en las elecciones presidenciales del año 2000, y según una encuesta de Ipsos-Reid, si comparamos los condados que votaron a favor del republicano George W. Bush y los que votaron por el demócrata Al Gore, se puede concluir que apostaron por Bush solamente el 7% de los electores que ganaban más de $100 000, mientras que un 38% tenía ingresos por debajo de los $30 000. En cambio, en los condados que apostaron por Gore, el 14% ganaba $100 000 o más, en tanto que 29% ganaba menos de $30 000.

Por otra parte, un estudio de los autores Robert Lichter, profesor de George Mason University; Stanley Rothman, profesor del Smith College; y Neil Nevitte, profesor de University of Toronto, **publicado en el diario** The Washington Post en marzo de 2005, refleja que el 72 por ciento de los profesores de las universidades y colegios norteamericanos se declara de izquierdas y simpatizante de los demócratas, frente a un 15 por ciento que se declara de derechas y simpatizante de los republicanos.

La diferencia es aún mayor entre los docentes de las escuelas más selectas, y por consiguiente entre los que más dinero ganan, donde el 87 por ciento dice ser de izquierdas frente a sólo un 13 por ciento que confiesa ser de derechas.

Los mitos y la realidad

En el imaginario de lo políticamente correcto George W. Bush sería, debido a su patrimonio y a su partido, un representante de los intereses de los más ricos de la nación. Sin embargo, cuando el expresidente se postuló exitosamente para la reelección, en 2004, declaró una fortuna de entre 8.1 y 21.5 millones de dólares, cifra ciertamente ridícula en comparación con los bienes de su oponente, el senador demócrata por Massachussets, John Kerry, que declaró tener entre 165.7 y 235.3 millones de dólares. Agreguemos por otra parte que, según reportes de la prensa norteamericana, Bush habría abandonado la Casa Blanca en 2008 con 6,5 millones de dólares menos de patrimonio.

No se trata, evidentemente, de que en el Partido Demócrata no haya pobres, ni de que en el Partido Republicano no haya ricos. Se trataría más bien de una tendencia en la que los demócratas irían extendiéndose hacia el extremo de las elites millonarias, por un lado, y hacia el extremo de los más pobres y dependientes de las ayudas estatales, por el otro. Mientras que los republicanos estarían creciendo entre las llamadas clases medias estadounidenses. Luego, al menos financieramente hablando, en el primer caso estaríamos ante un partido bifurcándose hacia los márgenes, un partido que se latinoamericaniza, bipolariza al uso de los esquemas sociales de espacios inabarcables entre los muy ricos y los muy pobres manifestados al sur del Río Bravo, mientras que en el segundo estaríamos ante un partido con tendencia hacia el centro y, por lo mismo, más representativo de la media nacional y de lo que se supone sea Estados Unidos: el primer país del primer mundo.

Criton Zoakos, consultor financiero y presidente de Leto Research, asegura en un estudio que la clase media prefiere políticas fiscales, monetarias y reguladoras que favorezcan la libre competencia y la creación de riqueza, en tanto que la clase alta prefiere la preservación de su riqueza y la protección contra la competencia mediante altas tasas impositivas. Esto último podría explicar la emigración que se observa en los dueños de grandes fortunas, sobre todo si son heredadas, hacia los predios demócratas.

Finalmente, tengo malas noticias para los que se creyeron el cuento de un humildísimo Barack Obama, cuento que habría venido a reforzar su esposa Michelle al declarar, quejosamente, que había venido a sentirse orgullosa de su país sólo después de la elección de su marido como pre candidato presidencial en 2008; en el entendimiento subliminal de que el país, antes de eso, nada le habría ofrecido a la pareja. La realidad es que el entonces aspirante demócrata a la Casa Blanca y su mujer ganaron más de cuatro millones de dólares durante el año anterior, según los datos de la declaración de impuestos del matrimonio, divulgados luego por la campaña del entonces senador de Illinois. La verdad es que, para ser pobres, parece que a los Obama no les ha ido nada mal.

EL ESPÍRITU DE LA ÉPOCA

La Política

Pero el problema no es Barack Obama, tampoco su partido, lo rico o reaccionario que pueda ser su partido; el problema es la Política que ha parido esta época. Obama y su partido como máxima manifestación de la Política de esta época. Y es que la Política en Occidente podría haber arribado a un punto disyuntivo en que o regresa, espiritualmente hablando, desde la presente Postmodernidad hacia el Renacimiento o dejaría de ser Política; y, en consecuencia, Occidente dejaría de ser Occidente; al menos Occidente tal y cual le hemos conocido por los dos últimos milenios.

Conforme el Renacimiento significó, en la medida de lo posible, una vuelta desde la Edad Media, entendida como la última gran época de la humanidad, hacia la Antigüedad Clásica, entendida como la primera gran época de la humanidad, podríamos asimismo estar ahora abocados a un espacio-tiempo bisagra en que, en la medida de lo posible, regresaríamos al Renacimiento, no ya desde una gran época sino desde la más chata, por decir lo menos, de todas las épocas padecidas por el hombre, lo que vendría a dar un sentido de urgencia a ese regreso: regresamos o desaparecemos, no como hombres, pero sí como hombre occidental; ese cuya divisa primera sería la libertad, el devenir del individuo.

Una época que, contrariamente a las interesadas bobadas al uso, ha disminuido dramáticamente el número de pobres en el mundo. Inclusive en América Latina (un espacio que parece empeñado en repetirse como una caricatura de lo peor de Europa, quiero decir, del socialismo en sus disímiles vertientes) hubo al menos 15 millones de personas que salieron de la pobreza durante el 2006, según cifras de la Comisión Económica para América Latina de la ONU, CEPAL.

Pero el problema tampoco es la época, es el Espíritu de la Época; ése que podría haber comenzado a manifestarse luego de la Reforma protestante, pero que iniciaría su escalada universal y uniforme a partir del siglo XIX, que entraría en su apogeo durante el XX, y que iría acercándose a la definición de orgasmo oceánico en lo que va de este siglo XXI. El Espíritu de la Época es, como saben los que lo han padecido o se le han opuesto, socialista y paternal, sensiblero y mecanicista, inductor e impositivo, seductor e implacable, solidario y suicida, rechaza el azar y apuesta por la planificación; prefiere la repartición de la riqueza a su creación, hablar de los derechos humanos a hablar de los derechos del individuo, la sumisión a la guerra, la moderación a la libertad, los hombres flojos y las mujeres fuertes. ¿Un ejemplo del Espíritu de la Época manifiesto en la Política del presente en que escribo este texto? Pues ahí les va: La comunidad internacional, con Estados Unidos y la administración Obama a la cabeza, levanta sanciones al régimen del general Raúl Castro en Cuba, que descaradamente declara que no habrá elecciones libres y supervisadas, repitiendo así lo dicho y hecho por su hermano, Castro número I, durante medio siglo en esa isla, mientras que al mismo tiempo imponía severísimas sanciones al régimen del exgobernante interino de Honduras Roberto Micheletti, quien desesperadamente clamaba por unas elecciones libres y supervisadas como única forma de salida a la crisis nacional de ese momento.

El Espíritu de la Época ha impuesto un nuevo lenguaje, un metalenguaje proveniente de eso que el desaparecido intelectual, disidente y presidente checo Václav Havel denominó acertadamente como el especial lenguaje de los comunistas que, apuntaba, sería uno de los instrumentos más diabólicos del avasallamiento de los unos y del embelesamiento de los otros.

Entonces lo peligroso de este lenguaje, apuntamos nosotros, no es que se haya impuesto y se imponga a punta de pistola a millones de seres en el mundo bajo el comunismo real; sino que ese lenguaje haya extrapolado su contexto original e invadido a Occidente todo, que haya envilecido a los hacedores de opinión y, lo peor, a las multitudes que inermes sufren a esos hacedores de opinión, hacedores de opinión como hechiceros, debido al desmesurado desarrollo de los medios audiovisuales en la era globalizada.

Un metalenguaje que en el intento de no dañar lo más mínimo la autoestima de nadie ha terminado por dañar el pensamiento y crear una especie de hombre nuevo, uno que resultaría a un tiempo informado y bruto, dócil y protestón, anárquico y correcto, acomodado y sin voluntad. Bajo ese espíritu Occidente parecería avanzar cada vez más hacia una sociedad de seres inducidos por la hipnopedia de *Un mundo feliz*, de Aldous Huxley; hipnopedia que en boca de uno de los personajes es descrita como la mayor fuerza moralizante y socializante de la Historia.

Una sociedad de seres altruistas, anoréxicos y asexuados, bien hablantes y mejor pensantes. El Espíritu de la Época apostó primero por las pueriles teorías del paraíso en la tierra que hace sólo unos años terminaron en los campos de concentración de los nazis y los comunistas, y de cuyo recuerdo ahora huye aterrado, *gatita María Ramos que tira la piedra y esconde la mano*, mejor, que tira el cerrojo y esconde la mano, para entonces crear una versión amable de los mismos. Una donde los fusilamientos y las gasificaciones no serían físicos sino mentales, y ocurrirían no en los campos y al amanecer, sino en las pantallas y a toda hora, y donde las personas igualmente dependerían de papá-estado, papá-estado como papá-dios; es lo que el Papa Benedicto XVI ha venido a definir acertadamente como la dictadura del centro.

Entonces la Política debería de entender con el escritor checo Milan Kundera que hoy en día la única manera de ser modernos, paradójicamente, es ser antimodernos, que la Postmodernidad con su relativismo pudiera ser la vía cómoda que nos conduzca no al fin de la Historia como Francis Fukuyama ha dicho, sino al fin de la civilización; al menos tal cual la hemos entendido en Occidente. La Política debería de ser tan sabia, quiero decir tan renacentista, que aprehenda de lo paradójico por excelencia, de la interrelación continúa de bien y mal en la complejidad del mundo. Debería saber pactar en el justo medio del balance ético, tener la suficiente sabiduría, responsabilidad y valor para procurar el bien aún a costa de hacer el mal, o aparente mal; más claro, entender con la suma lucidez que requiere el caso que no siempre y en toda circunstancia es válido el dogma de fe, probablemente cristiano, que asegura que el fin no justifica los medios.

La Política, desasida de patanes, debería entender que puede, y a veces tiene, que ser impopular, que el estadista que gobierna consultando las encuestas no es un demócrata, sino muy probablemente un demagogo peligroso, que el diálogo de civilizaciones no es un diálogo, es un cuento, el largo cuento (en realidad múltiples narraciones engarzadas) de *Las mil y una noches*, ese en que una asustada Scheherezada procura enamorar, mediante el procedimiento de la palabra, al sultán Schahriar para que éste, harto de escucharla, no le corte la cabeza de un tajo de su afilado alfanje.

La Política para prevalecer, como en el Renacimiento, tendría que apostar más por la fuerza del individuo y menos por la fuerza de la tribu y, quizá contradictoriamente, menos por la patria y más por la civilización occidental, o mejor, por la civilización occidental como la patria ideal a la que deberíamos aspirar. Una patria amenazada hoy como nunca antes por el islamismo militante y la rémora de otros ismos. La Política, como en el Renacimiento, no debería temer a las palabras, pero tampoco a las acciones. La Política está obligada a rescatar el valor de la palabra libertad, ¡por cierto que ya casi nadie habla de libertad! La Política actual no podría soslayar que los remanentes del comunismo tienen un poderoso aliado en el islamismo; los separa la visión teocrática de la visión atea, pero más allá de eso los une el odio a Estados Unidos, a Occidente.

El hombre sin atributos

El Espíritu de la Época ha parido un espécimen nuevo, y ese espécimen tiene mucho que ver con el bípedo retratado en la novela *El hombre sin atributos*, la obra inacabada en dos volúmenes escrita por el austriaco Robert Musil (1880-1942) entre los años 1930 y 1943, y que suele traducirse también como *El hombre sin cualidades*. Probablemente esta es una de las novelas más ambiciosas de la literatura alemana del siglo anterior, al lograr reflexionar sin piedad y sin complejos sobre las paradojas de la modernidad, sobre la crisis del racionalismo, y acerca de la búsqueda de una teoría y una práctica del sentimiento para discurrir las emociones atrapadas en un sistema asfixiado por la ciencia y la complejidad, complicación de la vida.

Un bípedo que, seriamente dañado en su psique, se somete dócilmente a la desproporcionada maquinaria estatal de la supramodernidad encarnada en el fascismo y el comunismo para, tras la liberación que supuso el triunfo de los aliados en la Segunda Guerra Mundial, emerger más dañado todavía, no ya en la psique, sino en la psique y en el cuerpo, en el cuerpo y en el alma, pero mayormente en el alma. Una entidad lista por una parte para habitar el Gulag de los soviéticos y por la otra para habitar el Gulap mediático, ese que de alguna manera había avizorado y deseado el intelectual Antonio Gramsci (1891-1937) y que ahora se manifiesta más allá de los predios de lo que fuera la Cortina de Hierro.

El Espíritu de la Época ha soplado no sólo para llevar a Barack Hussein Obama hasta la Casa Blanca, sino también para que le otorguen el Premio Nobel de la Paz por sus loables promesas.

Es el mismo pneuma que sopló, pero en contra, para que a Jorge Luis Borges, probablemente el más grande escritor nacido en el hemisferio occidental, nunca le dieran el Nobel de Literatura. Con el Nobel de la Paz, Obama sienta un magnífico precedente para el Nobel de Literatura: En el futuro este podría ser entregado a un escritor que prometa, la mano en el corazón, escribir excelsas y renovadoras novelas, sentidos y revolucionarios poemas.

BARACK HUSSEIN OBAMA O EL GOLDEN BOY DEL IMAGINARIO POLÍTICO ESTADOUNIDENSE

El Oba frente al tablero de Ifá

Oba, como sabrán algunos, es un soberano y sacerdote de los pueblos Yoruba, tribus que, originarias de unos territorios ubicados entre las regiones del Chad y el Alto Egipto, florecerían como cultura alrededor del siglo XII en el África Occidental, especialmente en la ciudad santa de Ifé y bajo los auspicios de la religión de Ifá, al suroeste de Nigeria.

Barack Obama no es soberano, fue senador demócrata y después presidente, pero un senador estadounidense, por no hablar de un presidente, tiene muchísimo más poder de lo que jamás soñó tener ninguno de los orgullosos reyezuelos de los predios Yoruba.

Obama tampoco es practicante de Ifá, ni siquiera es católico; Obama dicen que fue musulmán y que ahora es protestante. La verdad es que ni siquiera sus ancestros paternos, su parte de la negritud, provienen de Nigeria, sino de Kenia, en el otro extremo, en el África oriental. Elementos estos que en alguna medida explicarían el desarraigo y los problemas de integración no ya de Obama —que ni siquiera es negro, es mulato—, sino de grandes sectores de la población negra norteamericana, frente al mayor arraigo e integración de la población negra iberoamericana y especialmente caribeña. Apuntamos a que las disímiles dificultades, desencuentros, fricciones y violencias, la enajenación en suma, de una inmigración forzada, sometida a la esclavitud en un medio y un mundo no ya absolutamente desconocidos, sino absolutamente hostiles; el salto puntual, y mayormente mortal, desde la Edad de Piedra a la Edad Moderna, se habrían agudizado francamente en los predios del colonialismo anglosajón por unas cuasi insalvables fracturas psicológicas y sociales infligidas por el paso, sin transición, del politeísmo, en unos casos, y del polidemonismo en la mayoría —imperantes entre las tribus africanas—, al más feroz monoteísmo de los protestantes entre la tribu anglosajona.

Situación esta que se amortiguaría en los predios bajo la égida de las monarquías ibéricas, donde ciertamente hubo, a pesar de la leyenda negativa implementada por los anglos protestantes, una mayor tolerancia con la mezcolanza no sólo sexual, sino religiosa, y donde el catolicismo, con su profusa cohorte de vírgenes y santos para cada problema de la cotidianeidad, se manifestaba en la práctica como una especie de politeísmo de baja intensidad en que, con la aquiescencia eclesial, los negros podían, detrás de esas vírgenes y santos, en unos casos acomodar, y en otros camuflar, a sus espíritus y orishas.

Esas señaladas características determinarían probablemente el menor éxito de integración racial en el sistema colonial inglés respecto al ibérico, las evidentes diferencias idiosincrásicas, de actitud ante la vida y la sociedad, de los negros en un ámbito y en el otro.

Muchos de los tropiezos que tuvo el entonces senador Barack Obama durante su campaña por obtener la candidatura del Partido Demócrata a la presidencia de Estados Unidos tendrían su probable antecedente en el modo de relacionarse los colonos ingleses con los negros, tanto en Norteamérica como en la misma África (no olvidemos que los ancestros paternos del presidente provienen de lo que fue un enclave colonial inglés), y por otra parte en el modo en que los negros reaccionaron ante el modelo anglosajón tras la independencia, la abolición de la esclavitud, la lucha a favor de los derechos civiles, y aún en el presente, en que las secuelas de las antiguas relaciones imperiales perviven, y reaparecen con fuerza, luego de periodos de aparente normalidad. Esa reacción se ha canalizado, y se canaliza, de manera que amplios espectros de la población negra estadounidense no se sienten identificados con la nación que dejaron en herencia los padres fundadores sino desarraigados y, en casos extremos, enemigos de esa complejísima madeja que ha configurado históricamente a Estados Unidos.

La adopción del islamismo por una parte de la población negra norteamericana (42 por ciento de los tres millones de musulmanes domésticos son negros nacidos en el país, según datos del Consejo Musulmán Estadounidense) y el empleo de términos como afroamericanos y, más recientemente, afrodescendientes, así como el tatuaje de un símbolo maorí en el endurecido rostro del excampeón de los pesos pesados Mike Tyson, tendrían su origen probable en un ancestral descontento psico-social y en la búsqueda desesperada de una identidad, no importa cuán alucinante pudiera parecer, más allá de los cauces nacionales. Más allá de la cultura occidental lógicamente predominante en Estados Unidos.

Cómo si no explicar los problemas del exsenador por Illinois resultantes de sus relaciones francamente antinorteamericanas. El caso de su pastor y guía espiritual por más de veinte años, el colérico Jeremiah Wright, ese que ofició el casamiento de Obama, ese que luego bautizó a sus hijas, y que ha declarado y reiterado, en el Club Nacional de Prensa, que los ataques terroristas del 9/11 en Nueva York estaban justificados debido a que Estados Unidos era una nación terrorista, que el gobierno norteamericano inventó en sus laboratorios el virus del SIDA como una forma de genocidio contra la gente de color y que, consecuentemente, era natural que

Dios maldijera a Estados Unidos, y agregó que él como pastor decía lo que pensaba, decía la verdad, pero que era natural que políticos como Obama dijeran sólo lo que les convenía, dijeran mentira, explicando así ante la prensa la distancia que había tomado el presidente demócrata de su mentor espiritual.

Sólo en el sentido analizado es que adquiere cierta lógica la amistad de Barack Obama con los terroristas William Ayers y Bernardine Dohrn, quienes entre 1969 y 1975 encabezaron el grupo Weather Underground que llegaría a cometer decenas de atentados y crímenes violentos en Estados Unidos.

Michelle Obama ha declarado, como ya hemos dicho, pública y solemnemente, con la serenidad de quien dice lo más natural del mundo, que la postulación de su marido la había hecho sentirse orgullosa de Estados Unidos por primera vez en su vida. Es decir, que antes de eso la señora Obama se sentiría humillada de ser estadounidense, a pesar de que esa sociedad, con la que evidentemente no se sentía a gusto, le había proporcionado facilidades para que tanto ella como Barack estudiasen en las más selectas escuelas y sumasen, según la declaración de impuestos dada a conocer por la propia campaña del entonces aspirante a presidente, la nada despreciable cifra de algo más de cuatro millones de dólares durante el año anterior a la campaña por la Casa Blanca, como apuntamos anteriormente.

Y ya que entramos en la fortuna de los Obama, observemos otro de sus tropiezos durante la campaña presidencial de 2008, relacionado igualmente con el desarraigo, pero en este caso desarraigo no a consecuencia de las secuelas dejadas en el negro norteamericano por vía del colonialismo inglés, sino desarraigo llegado al mandatario por vía de unas elites intelectuales finalmente enriquecidas y de las que, sin duda, Obama y su entorno forman orgullosa parte. El tropiezo ocurrió antes de las elecciones primarias en Pensilvania, al decir el entonces senador que muchos vecinos de pequeñas poblaciones obreras de ese estado están amargados y se aferran a las armas y a la religión para compensar sus frustraciones y problemas económicos. Unas declaraciones que indicarían no sólo desarraigo, sino desconocimiento absoluto de la nación que en el presente gobierna; pues dos de las insoslayables bases sobre las que se ha erigido la nación estadounidense son, precisamente, el derecho ciudadano a la tenencia, porte y ejercicio de las armas, por un lado, y el derecho a la libertad de religión por el otro.

Olvida Obama que ambos derechos aparecen ya en *The Bill of Rights* o la *Lista de los derechos del ciudadano*, esa que, firmada el 15 de diciembre de 1791, define realmente a Estados Unidos, y sin la cual la Constitución nunca hubiera llegado a ser la Ley Suprema de la nación. Olvida Obama que relacionar los problemas económicos con la fe, la fe como consecuencia de los problemas económicos, tiene más que ver con el apotegma marxista de que la religión es el opio de los pueblos que con la realidad de un pueblo que ha hecho imprimir en su moneda In God We Trust. Olvida Obama que la mayoría de los grandes monumentos arquitectónicos y artísticos de la humanidad se los adeudamos más a la religión y a la opulencia que a los problemas económicos.

Cuenta la leyenda que una vez elegido un Oba en la ciudad santa de Ifé, tras elaborados rituales y frente al tablero adivinatorio de Ifá, debía hablar la deidad bajo el signo de Obara, palabra que se traduciría como el Rey no dice mentira, seguido del refrán: *El perro tiene cuatro patas y coge un solo camino*. Lo que auguraría un buen gobierno para el reino, pues signo y refrán se referían esencialmente a que el Oba apostaría por la verdad y sabría conciliar, desde su ubicación en la estructura del poder como un cuerpo central o Mandala, las mismísimas cuatro esquinas del reino. Era todo cuanto pedían los Yoruba a sus orgullosos soberanos.

AÑADIDO A ESTA SEGUNDA EDICIÓN DE 2016

Obama, segundo mandato

Al momento de la segunda edición de este libro muchas de las tendencias señaladas en la primera, en 2011, dentro de las maquinarias políticas demócratas y republicanas, y de la sociedad estadounidense en general, no sólo se mantienen sino que aumentan y se reafirman.

Así, Barack Obama aparece como el presidente que más hispanos indocumentados ha deportado en décadas. Pero, la verdad sea dicha, los hispanos no dan muchas muestras de sentirse ofendidos por su récord en deportaciones y como prueba apoyan en la carrera a la Casa Blanca a Hillary Clinton. La ex canciller logró en febrero de 2016 el espaldarazo del Caucus Hispano del Congreso y una encuesta de la misma fecha sobre el voto latino, divulgada por Univisión y The Washington Post, revelaba buenas noticias para la exsecretaria de Estado: el 57% de los latinos en todo el país le apoyan, frente al 28% que apoya a su oponente en el propio partido, Bernie Sanders, por lo que estaríamos entonces hablando de un 85% de hispanos que apostaría por la opción demócrata. En abril, el liderazgo latino de El Bronx cerró filas a favor de Clinton, "una amiga de la comunidad hará historia como la primera presidenta de este país", según dijo el comunicado.

Siguiendo la tendencia señalada en la primera edición, Obama, antes de finalizar sus dos mandatos, superó a sus predecesores, en décadas, con unas cifras de aproximadamente 3 millones de indocumentados hispanos deportados a sus predios desde Estados Unidos, según datos del Departamento de Seguridad Nacional. De manera que por ese impulso en las expulsiones, algunos líderes de la comunidad latina se atrevieron a denominar a Obama como el Deportador en Jefe. El término se lo adjudicó en 2014 Janet Murguía, presidenta del Consejo Nacional de la Raza, importante grupo de defensa de la comunidad latina en Estados Unidos ya mencionado en la anterior edición. "Obama es el que más ha deportado. Los números lo sustentan. Y su legado en materia migratoria está en juego", agregó la activista. "Hay una mancha, una nube negra" sobre su legado, añadió. Así, en comparación, en sus ocho años de mandato, el malo de Bush deportó unos dos millones de indocumentados, es decir, un millón menos que el bueno de Obama. De modo que Isabel García, de Arizona, directora de la Legal Defender Office del condado de Pima, en Tucson, fundadora de la Red Nacional de Derechos de los Migrantes y primer extranjero en obtener el Premio Nacional de Derechos Humanos de México, por su pedigrí obviamente una persona nada sospechosa de derechismo político, no se acoquina y declara al diario ABC de España: "Obama ha deportado a más migrantes que ningún otro presidente en la historia de Estados Unidos".

En cambio, habría que decir que el republicano George Bush en sus ocho años en la Casa Blanca tuvo el que probablemente fuera el equipo de Gobierno más multiétnico y diverso de la historia estadounidense con, entre otros, los negros Red Paige, en Educación, el general retirado Colin Powell, como secretario de Estado, y Condoleeza Rice, como asesora de Seguridad Nacional y posteriormente canciller estadounidense, este último un hito histórico sin precedentes en la nación norteamericana, para nada reconocido por la opinión pública, que antecedió al hito histórico de la elección de Obama como primer presidente negro, reconocido hasta la saciedad por esa misma opinión pública. Aparte de Condoleezza Rice pueden mencionarse otras cinco mujeres que fueron nominadas a su gabinete (sin que las feministas cantaran loas a Bush): Ann Veneman, secretaria de Agricultura, Christine Todd Whitman, jefa de la Agencia de Protección Ambiental, Gale Norton, en Interior, y la hispana Linda Chávez, Secretaria del Trabajo, que fue forzada a retirarse porque presuntamente le había pagado por trabajos a otra hispana, esta ilegal, que vivía en su casa por lo que, en su lugar, Bush nominó a Elaine Chao, una ex oficial de origen asiático durante las administraciones de Ronald Reagan y George H.W. Bush, quien fue confirmada por el Senado.

Igualmente tuvo en sus filas a los cubanos Mel Martínez y Carlos Gutiérrez, al primero en el Departamento de Vivienda y al segundo de Secretario de Comercio, además del mexicano Albert González (que sufrió una férrea oposición de los demócratas por lo que finalmente no fue confirmado en su cargo), nombrado jefe de los servicios jurídicos de la Casa Blanca. Hubo hasta un demócrata en el gabinete de Bush, el Secretario de Transporte Norman Mineta, de origen asiático además, quien había ejercido previamente como Secretario de Comercio bajo el mandato de Bill Clinton.

Pero, deportados aparte, en julio de 2014 una encuesta de la prestigiosa Universidad Quinnipiac, de Connecticut, aseguraba que Obama fue escogido como el peor presidente de EE.UU desde la II Guerra Mundial. El 33% de los encuestados nombró a Obama cuando se le preguntó a quién consideraba el peor presidente desde la gran contienda, seguido del 28 % que mencionó a Bush hijo, víctima de una campaña mediática negativa sin precedentes, y el 13 % que recordó a Richard Nixon, quien por el escándalo Watergate se convirtió en el único mandatario que ha dimitido en la historia del país. "En los últimos 69 años de historia estadounidense y 12 presidencias, el presidente Barack Obama se encuentra junto con George W. Bush en lo más bajo de popularidad", explicó en un comunicado Tim Malloy, director adjunto del centro de encuestas de la Universidad Quinnipiac. En cambio, el 35 % apuntó al republicano Ronald Reagan (1981-1989) como el mejor presidente desde 1945.

Al comparar las presidencias de Bush (2001-2009) y la de Obama, sólo el 39 % de los encuestados se muestra más favorable al actual presidente, mientras que el 40 % se inclina por los años de Bush. El dato sorprende si se analiza que Obama arriba a la Casa Blanca con un altísimo índice de aprobación, mimado por los medios de prensa y opinadores de este mundo, y bajo la promesa de marcar la diferencia con la administración de Bush, protagonizada por las impopulares guerras de Irak y Afganistán. Además la encuesta mostró que el 45 % pensaba que el país estaría mejor si el republicano Mitt Romney hubiese ganado las elecciones de 2012.

La administración Obama ha sido un desastre en política exterior, sobre todo en la siempre complicada región del Oriente Medio. El historiador y politólogo norteamericano Daniel Pipes, presidente del Middle East Forum, asegura que con Obama Estados Unidos ha caído en una tremenda irrelevancia en toda esa región, y que la inconstancia, la incompetencia y la inacción han vuelto impotente a su Gobierno. En la escena política internacional, el presidente actúa como si prefiriera ser el primer ministro de Bélgica, una pequeña nación que, habitualmente, copia las decisiones de sus vecinos más grandes cuando vota en las Naciones Unidas o se ufana moralmente respecto a lejanos problemas. Así, aseguramos nosotros, Obama, sea por ineptitud o sea por desprecio hacia lo que ha sido EE.UU hasta el presente, parece actuar más como enemigo que como amigo de los intereses en el mundo de la nación que representa. No otra cosa indicaría su acercamiento a Irán y su alejamiento de Israel, el aliado más firme de Norteamérica en el orbe, y el único fiable en toda esa región. Obama ha dado la impresión de estar más interesado en la estatización de EE.UU mediante el Obamacare y el aumento de las tasas impositivas que en garantizar la hegemonía estadounidense en el mundo y, subsiguientemente, la Seguridad Nacional. El analista Kim Holmes y el académico William Inboden, de la Universidad de Texas en Austin, señalan en el nuevo manual de estrategia de política pública para el Congreso, editado por Heritage Action for America, que "nuestra situación es realmente grave. Una vez más, el terrorismo amenaza nuestra patria. Como nos hemos sustraído del mundo, numerosos territorios se han hundido en el caos y convertido en viveros de terroristas. La administración ha cometido demasiados errores voluntarios: retirarse con demasiada rapidez de Irak (y probablemente de Afganistán); dejar de lado el conflicto sirio hasta que ya no se podía mirar para otro lado; renunciar a obtener cruciales datos de inteligencia al atacar a terroristas con drones en vez de interrogarlos; la liberación de presos de Guantánamo, que no han hecho sino volver a la lucha"... Y continúan los autores apuntando que los "errores se derivan de la visión miope de que realmente no estamos en guerra contra el terrorismo. Ya ni siquiera los franceses se creen eso"... "Aunque estos son los problemas más obvios, hay uno mucho más grande, se anda diciendo por ahí que Estados Unidos está barajando dejar de ser superpotencia. La principal razón es la desconfianza que hay en Obama como líder mundial, que se palpó con claridad cuando no envió a nadie de mayor rango que el de embajador a la manifestación por la matanza de *Charlie Hebdo* en París. Nuestra percibida debilidad ya forma parte de los cálculos de todos. Nuestros desatendidos aliados empiezan a buscar otro tipo de protección. Enemigos y rivales ven oportunidades que no se podían haber imaginado hace seis años".

Debido a la política exterior bajo Obama, los enemigos de Estados Unidos y sus aliados están envalentonados y en movimiento. El colapso total del orden establecido por el mundo occidental después de las victorias en la Segunda Guerra Mundial, 1945, y la Guerra Fría, 1989, parece una real posibilidad en Europa. Los expertos en política exterior de Washington fueron sustituidos por académicos con poca experiencia práctica, así los enemigos de la nación americana y el mundo occidental no podían menos que estar de plácemes. La tan careada simpatía que dicen que despierta Obama en el exterior, no sería otra que la simpatía de los antiestadounidenses por el arribo a la Casa Blanca de alguien que vislumbran como una oportunidad de oro para la viabilidad de adelantar sus agendas.

Pero Obama, que es ingenuo, o se hace, piensa que no, que está en control. "Usted me preguntó sobre la doctrina Obama. Esa doctrina es sencilla: nos comprometemos, pero sin perder ninguna de nuestras capacidades", dijo Barack Obama a Thomas Friedman, periodista de *The New York Times* al que invitó al Salón Oval de la Casa Blanca para explicar las razones del histórico acuerdo con Irán (porque, no olvidemos, para Obama todo es histórico, no importa qué ni a qué precio), y agregó más adelante: "Por ejemplo,

Cuba. Podemos probar la posibilidad de un acuerdo que tenga resultados positivos para el pueblo cubano y sin demasiado riesgo para nosotros. Es un país diminuto (...) Y si resulta que después no conduce a nada bueno, siempre podremos ajustar nuestra política", dictaminó en tono académico, desconociendo, o queriendo desconocer, que todo lo que necesitan regímenes como los de Cuba e Irán es tiempo, mucho tiempo, que después ya se verá.

Y continuó Obama: "Lo mismo respecto de Irán. Un país grande, peligroso, que ha tomado parte en actividades que han resultado en la muerte de ciudadanos norteamericanos. Pero lo cierto es que el presupuesto en defensa de Irán es de 30 000 millones de dólares, y el nuestro está cerca de los 600 000 millones. Irán sabe que no puede pelear contra nosotros".

Pero lo cierto parece ser que la doctrina de Obama no sería otra que la de echar al mar de la incertidumbre la indiscutida superioridad militar de Estados Unidos, para aventurarse así al riesgo de llevar la diplomacia hasta sus últimas consecuencias, y esto es, como en el caso de Cuba e Irán, entregarlo todo a cambio de nada, tener contento al enemigo para que, faltaba más, no se vaya a enfadar con nosotros, lo que implicaría subliminalmente que el enemigo es malo porque nosotros le hemos provocado previamente o hemos sido injustos con él, que si le engordamos y mimamos, hombre, se estará plácida y placenteramente en sus predios. Porque, piensa Obama, a fin de cuentas siempre podrá apelar a la guerra cuando lo demás haya fracasado, es decir, para cuando ya sea demasiado tarde y esté instalado en nuestra cocina.

Así, Obama dio más pasos que ningún otro presidente para poner fin a dos de los conflictos más añejos y complejos de la política exterior norteamericana, los de Cuba e Irán.

Que Cuba continúa siendo un peligro obvio y presente para Estados Unidos se desprende del testimonio ofrecido en febrero de 2015 por varios expertos concurrentes a la audiencia *La nueva política del Presidente y la Seguridad Nacional de EEUU*, en el Subcomité de Asuntos del Hemisferio Occidental de la Cámara de Representantes.

La audiencia fue convocada por el presidente del subcomité Jeff Duncan (Carolina del Sur), y participaron los congresistas Albio Sires (D-Nueva Jersey), Ileana Ros-Lehtinen (R-Florida), Gregory Meeks (D-Nueva York), Ron DeSantis (R-Florida), Joaquin Castro (D-Texas), Matt Salmon (R-Arizona), Christopher Smith (R-Nueva Jersey) y Ted Yoho (R-Florida).

Los testigos recordaron actividades pasadas y presentes, secretas y públicas, desarrolladas por el Gobierno comunista de Cuba contra Estados Unidos y para alterar el balance de poder en el hemisferio.

En el aspecto histórico se mencionó el envío de oficiales cubanos a Vietnam para interrogar a prisioneros de guerra estadounidenses, el refugio ofrecido a miembros de organizaciones terroristas como la ETA vasca y las FARC colombianas, y a fugitivos de la justicia acusados de fraudes millonarios y a terroristas como Joanne Chesimard, una de los diez más buscados por la Oficina Federal de Investigaciones, los cuales continúan en la isla a pesar de los reclamos y del restablecimiento de relaciones entre ambas naciones.

Como parte de las actividades actuales contra la seguridad de Estados Unidos y del mundo, o que continúan hasta el día de hoy, se expuso la exportación de asesores militares, policiales y de inteligencia para controlar, vigilar, reprimir y matar a los venezolanos insumisos frente a la implantación del socialismo, las conversaciones con Rusia para reabrir la base de escucha radioelectrónica de Lourdes y la admisión de buques espías de ese país en puertos cubanos.

También, la expedición de 173 pasaportes venezolanos a elementos islamistas para ingresar a Canadá, el envío secreto de armamento a Corea del Norte, la venta –o compartimiento– de secretos de Estados Unidos a Gobiernos como los de Irán, Siria y Rusia, y el reclutamiento e infiltración de espías en altas esferas del Gobierno de Estados Unidos.

Christopher Scott Simmons, con más de 20 años de experiencia como oficial de contrainteligencia del Ejército estadounidense y de la Agencia de Inteligencia para la Defensa, explicó la importancia de tener en cuenta la amenaza del espionaje cubano para la Seguridad Nacional de Estados Unidos.

Simmons, que fue parte de las más exitosas operaciones de contrainteligencia de Estados Unidos hacia Cuba entre 1996 y 2004, que tuvo un rol fundamental en el caso de la espía castrista Ana Belén Montes y que fue el oficial a cargo de la expulsión en 2003 de 14 diplomáticos cubanos que trabajaban como espías, dijo que subvalorado y mal entendido por más de medio siglo, el Gobierno de La Habana sigue siendo un peligro claro y latente para Estados Unidos. Su Ejército y órganos de Inteligencia existen únicamente para asegurar la continuidad del régimen, afirmó Simmons, y explicó que los servicios de espionaje cubanos se alimentan con los informes de millones de personas que integran los Comités de Defensa de la Revolución (CDR), lo cual hace que la membresía de la Inteligencia cubana sea 34 veces mayor que la comunidad del Servicio de Inteligencia de Estados Unidos.

El espionaje cubano se enfoca en dos puntos: el pueblo cubano y Estados Unidos, y una de sus tres agencias, la Dirección de Inteligencia (DI) está considerada como el quinto o sexto mejor servicio de inteligencia a nivel mundial.

La Habana es reconocida como traficante de inteligencia del mundo, por vender y negociar información secreta robada a Estados Unidos, dijo Simmons, y agregó que estas actividades reportan ganancias valoradas en cientos de millones de dólares en efectivo, bienes y servicios para el régimen.

El experto en contrainteligencia citó cinco aspectos de la nueva política del presidente Barack Obama hacia Cuba que podrían conducir a una mayor amenaza para la Seguridad Nacional de Estados Unidos:

- Inyectar capital a los servicios de Inteligencia y Seguridad cubanos con las ganancias de los viajes de estadounidenses a la isla.
- Facilitarles mejores oportunidades para poder evaluar y reclutar a los viajeros estadounidenses dispuestos a traicionar a su país.
- Proveerles acceso ilimitado a tecnología estadounidense que mejoraría las capacidades tecnológicas de los servicios de espionaje y represión cubanos.
- Eliminar las restricciones de viaje para los diplomáticos-espías asentados en Estados Unidos. Hecho más notable con la apertura de una embajada de Cuba en Estados Unidos, consulados (en 1961 Cuba tenía 28 consulados en EEUU) y oficinas de la agencia Prensa Latina (que ya tiene corresponsales en New York, Washington, Chicago, Los

Ángeles, San Francisco, Miami, Denver y Atlanta).
- Alimentaría el mito de que Cuba no constituye una amenaza para Estados Unidos, algo proclamado por el régimen por más de cinco décadas.

Simmons concluyó que el fortalecimiento de las relaciones con Cuba aumentará como nunca antes la eficacia y las ganancias de los servicios de inteligencia cubanos.

Un recuento similar hizo la congresista Ileana Ros-Lehtinen, quien enumeró varias acciones del régimen de La Habana contra Estados Unidos: el derribo de las avionetas civiles de Hermanos al Rescate, las conversaciones con los rusos para reabrir las instalaciones de espionaje de Lourdes en Cuba, la autorización de entrada de barcos espías rusos en aguas cubanas, el contrabando de armas con Corea del Norte, el refugio a fugitivos de la ley estadounidense y a terroristas de las FARC y ETA, así como el asesoramiento a militares en Venezuela.

También destacó que el régimen de Castro ha penetrado el servicio de espionaje de Estados Unidos con espías como Ana Belén Montes y Kendall Myers. Recordó la presencia de agentes cubanos en las sesiones de torturas a prisioneros de guerra estadounidenses en un campo de prisioneros en Vietnam del norte conocido como The Zoo, y los lazos con Irán, Rusia y Siria.

La congresista cubanoamericana terminó diciendo que el presidente Obama debe aprender de la historia que negociar con el régimen de Castro es un esfuerzo fallido.

Un año después, en febrero de 2016, el director nacional de Inteligencia estadounidense, James Clapper, dijo ante la Comisión de Asuntos Militares del Senado que Cuba, y en especial su servicio de espionaje, es una amenaza real para la seguridad interna de Estados Unidos. En su informe anual al Congreso, el alto funcionario declaró que la amenaza de los servicios de Inteligencia extranjeros –tanto estatales como no estatales– es persistente, compleja y en evolución.

"Rusia y China representan la mayor amenaza, seguido de Irán y Cuba", explicó Clapper en la audiencia.

A pesar del restablecimiento de las relaciones diplomáticas el 17 de diciembre de 2014, el espionaje cubano no ha cesado de tener a Estados Unidos como su principal enemigo, agregó Clapper.

El régimen de la isla parece empeñarse en el tráfago de armas con países enemigos de EE.UU, aseguramos nosotros, pues no sólo está el caso del buque norcoreano atestado de armas cubanas apresado en Panamá en julio de 2013, entre las que había partes de dos aviones de guerra MIG 21, dos sistemas de misiles antiaéreos, lanzacohetes RPG, cohetes de corto alcance, explosivos, municiones y comando de control de misiles, municiones y granadas, sino que en febrero de 2015 el barco chino Da Dan Xian fue detenido en un puerto de Cartagena, Colombia, bajo sospecha de transportar ilegalmente armas a Cuba, al identificar entre su cargamento 100 toneladas de pólvora, 2 640 000 fulminantes, 99 núcleos de proyectil y cerca de 3 000 casquillos para construir cañones de artillería.

Al presente, 15 de abril de 2016, la prensa informa que la Policía Nacional de Panamá declaró la incautación de 401 paquetes de cocaína en un contenedor llegado de Cuba; no obstante, un alto funcionario panameño se apresuró a decir, mire usted, que la droga pudo haber sido cargada en el puerto panameño de Colón.

"La contaminación pudo haber ocurrido en el puerto", dijo el ministro de Seguridad Pública, Rodolfo Aguilera, vía telefónica al programa A Fondo de América TV. El funcionario agregó que el contenedor iba a bordo del buque MSS Canberra.

El cargamento fue encontrado en un contenedor en el puerto de Colón, durante un operativo denominado Caña Brava. Según la Policía de Panameña, el alijo de cocaína estaba escondido dentro tanques con miel de caña.

Curiosamente, el barco norcoreano mencionado en el informe citado arriba, el Chong Chon Gang, fue también detenido por el hallazgo de un cargamento de 240 toneladas de armas proveniente de Cuba, escondido dentro un cargamento de azúcar, como si el régimen de la isla tuviese el mismo modus operandi para ocultar sus contrabandos al pasar por Panamá, ocultación en lo oscuro y en lo dulce, caramelo envenenado para burlar a los hermanos panameños –*!azucaaaaaaaaaaaaaaa¡* diría la difunta cantante Celia Cruz–, pero no, dice o implica el ministro de Seguridad Pública que podían haber sido los mismos hermanos panameños.

Cuando lo del barco norcoreano, la ONU determinó que Cuba había violado el embargo sobre armas que esa organización había impuesto a la nación asiática, pero el asunto no tuvo mayores consecuencias para el régimen de la isla, ni tampoco las tendrá ahora con el caso del barco cargado de drogas porque, ya sabemos, Cuba no es un peligro para nadie.

Los precandidatos en 2016

Respecto a la manida mitología de unos republicanos ricos, racistas y reaccionarios, por un lado, y los demócratas integracionistas y progresistas próximos a los pobres, por el otro, los rostros y las cuentas bancarias de los precandidatos a la presidencia de ambos partidos que sobrevivían aún en la campaña, en marzo de 2016, deberían hablar por sí solos al observador desapegado y alerta. Así, mientras los republicanos cuentan con dos hispanos de origen cubano, Marco Rubio, de 44, y Ted Cruz, de 45, y dos blancos, John Kasich, de 63, y Donald Trump, de 69, los demócratas cuentan solamente con dos candidatos tan blancos como dos muñecos de nieve modelados para la Navidad, Hillary Clinton, de 68, y Bernie Sanders, de 74. Para completar el panorama multirracial de los republicanos debemos añadir además que también formó parte de la contienda, abandonada a inicios de marzo, el negro Ben Carson, de 64.

Ahora husmeemos un poco en las cuentas de los precandidatos de ambos partidos. Según la revista Forbes, Donald Trump es, por un rango muy superior, el más rico de todos los que compiten en las elecciones de 2016. Es el llanero solitario y despreciado del Partido Republicano, pero su fortuna asciende a 4 500 millones de dólares. El controvertido magnate de bienes raíces obtuvo una y otra vez la atención de la audiencia durante el debate presidencial republicano de Estados Unidos y, paradójicamente, ni siquiera es un republicano propiamente dicho.

La ex secretaria de Estado Hillary Clinton se posiciona en el segundo lugar, con una fortuna de 45 millones de dólares.

Bernie Sanders sería el pobretón de los demócratas con un patrimonio de 700 000 dólares y una casa de 100 000. Según cómputos del articulista Fernán Martínez Mahecha, Sanders se encuentra en el puesto número 86 de la fortuna entre los senadores estadounidenses y es 47 veces más pobre que Hillary, 230 veces más que el matrimonio Bill y Hillary, y 7,8 veces más rico que el promedio de las familias norteamericanas. Pero según nuestros cómputos, mucho más rico que el republicano derechista Marco Rubio (con $100 000 de patrimonio), quien llegó al Senado como la joven promesa del aún más derechista movimiento popular del Tea Party.

La figura probablemente más presidenciable y conservadora entre los republicanos, Ted Cruz, con sus 3.5 millones de dólares, no destaca precisamente por su riqueza. Por último, el más débil entre los precandidatos republicanos, John Kasich, cuenta con una fortuna de 10 millones de dólares.

Sanders, situado a la izquierda de Obama, al punto que pasó la luna de miel con su primera esposa... ¿en Hawái?; no, nada de eso, en la antigua y desalada Unión Soviética, viajó a Nicaragua para protestar en contra del respaldo estadounidense a los rebeldes de la Contra y declaró en 1985 en una entrevista en un video que Fidel Castro educó a los niños y transformó la sociedad cubana; claro, lo que no nos cuenta en el video es en qué cosa la transformó. El nativo de Brooklyn sería el único socialista entre los precandidatos, o al menos el único autoproclamado, y como socialista no se sonroja lo más mínimo al asegurar que de posesionarse en el despacho oval expoliará con impuestos superiores al 50% a los más ricos, prohibirá la posesión de armas de asalto a los estadounidenses, ofrecerá educación universitaria gratuita, aumentará el salario mínimo a 15 dólares, dará Medicare para todos, obligará a las empresas estadounidenses a que regresen al territorio nacional, penalizará con impuestos a las fábricas por el humo que emiten, destinará millones de dólares del contribuyente para, según él, bajar el nivel de los mares, proteger el planeta y, más modestamente, el ecosistema de los Grandes Lagos, impedirá las perforaciones petroleras, obligará a los bancos a prestar dinero a pequeñas empresas, abogará por más derechos para homosexuales, bisexuales, transexuales y lesbianas, arruinará a la DEA, combatirá ferozmente el denominado calentamiento global, legalizará el aborto, prohibirá la pena de muerte, hará que el uso de la marihuana y el alcohol tengan el mismo trato, acabará con la supuesta discriminación racial en el sistema judicial, apoyará el tratado de paz con el régimen de Irán y legalizará a los indocumentados.

Así, de ser electo, ese amigazo de los pobres no sólo los hará aún más pobres, sino que hará pobres también a los mismos ricos. Luego, el amor del socialista Sanders por los desheredados de la fortuna sería tan fabuloso que los triplicaría en un santiamén con sus sabias resoluciones. Lo curioso acá es que el progresista Sanders, que no sólo es muy viejo sino que defiende ideas muchísimo más viejas todavía, sea seguido, para envidia de los precandidatos de ambos partidos, por unas multitudes de jovencitos que le idolatran enardecidos; una muestra, sin dudas, de la decadencia americana.

Un repaso a Hillary Clinton

Propongo ahora que fisgoneemos un poco en los manejos financieros y en los problemas de la progresista Hillary. En una reciente entrevista, la periodista Diane Sawyer de la cadena de televisión ABC se atrevía a cuestionar si los cinco millones de dólares (cien millones en el caso de su augusto marido) que había ganado con sus discursos no era mucho dinero. "Salimos de la Casa Blanca completamente arruinados", contestó tan fresca como una lechuga la amiga de los pobres, negros e hispanos de este mundo.

Cuando Sawyer le recordó que esos cinco millones de dólares son diez veces el sueldo anual medio de un estadounidense, la demócrata declaró decidida que tenían deudas, que tenían que hacer frente a hipotecas y pagar, faltaba más, la educación de su hija Chelsea, para agregar como si tal que ellos necesitaron ganar el doble de dinero, mire usted, para comprar casas.

Más allá de lo dicho por la excanciller, el matrimonió gastó 1,7 millones de dólares en una mansión en un sitio para multimillonarios en el norte de Nueva York. Luego los luchadores sociales se gastaron 2,85 millones en la compra de otra mansión en un suburbio para ricos en Washington y, en el año 2000, la precandidata demócrata recibía un adelantico de ocho millones de dólares por su biografía. Durante los doce meses posteriores a su salida de la presidencia, su marido, el buen Bill, se embolsó la friolera de 13 millones de dólares por sus discursos. Para el año 2004, ya habían desparecido todas las deudas, y el dinero siguió entrando. Al arribar al cargo de secretaria de Estado, en 2009, el patrimonio matrimonial declarado sería más de 50 millones.

En enero de 2016, Fox News informaba que la Oficina Federal de Investigaciones de Estados Unidos desarrollaba una pesquisa sobre el uso del correo electrónico privado de Hillary Clinton en funciones oficiales, para determinar si había algún delito de corrupción en su mensajería al manejar información clasificada o de Seguridad Nacional. Según Fox News, que citaba tres fuentes de inteligencia, el FBI también quería saber si existía una posible intersección entre la labor de la Fundación Clinton y su trabajo en el Departamento de Estado que pudiera haber infringido las leyes de corrupción pública. "Los agentes están investigando la posible intersección de las donaciones de la Fundación Clinton, la distribución de contratos del Departamento de Estado y si se siguieron los procesos normales", afirmó una de las fuentes mencionadas por Fox.

El informe de la televisora salió después de varios informes periodísticos publicados el pasado año sobre una posible mezcolanza entre las actividades de Hillary en el Departamento de Estado y en la Fundación Clinton, entidad con fines benéficos fundada por su marido Bill. De acuerdo con la cadena, la Fundación obtuvo donaciones y subvenciones por un valor superior a 144 millones de dólares en 2013. Una de las fuentes de inteligencia comentó a Fox News que "muchos casos previos sobre corrupción pública se han dado y procesado con éxito con muchas menos pruebas de las que están emergiendo en esta investigación". Pero lo cierto es que ni el FBI ni el Departamento de Estado se han pronunciado públicamente aún sobre los informes de Fox.

El escándalo sobre los correos electrónicos explotó en 2015, justo cuando Clinton se preparaba para lanzar su carrera presidencial y los medios revelaron que empleó su cuenta privada para asuntos de interés nacional mientras encabezaba la diplomacia estadounidense.

Miles de correos de la Clinton se han divulgado por orden de un juez federal, Rudolph Contreras, quien instruyó al Departamento de Estado para que publicara mensualmente y hasta enero de 2016 los emails de la precandidata demócrata. El presidente del Comité Nacional Republicano, Reince Priebus, dijo en Twitter que la noticia de Fox News es inquietante. Priebus agregó que "el favoritismo hacia donantes de la Fundación Clinton desde su propio Departamento de Estado es innegable".

La FIFA, que últimamente ha estado plagada de escándalos de corrupción, es socia de la Fundación Clinton en numerosas iniciativas, según informó The Daily Beast en mayo de 2015. La suma mencionada que destinó a la fundación figura en la lista de donantes de la organización. Según la FIFA, la Fundación Clinton recibió en 2014 donaciones por un valor de entre 250 000 y 500 000 dólares por parte del Comité Supremo del Mundial de Qatar 2022. La fundación también ha recibido donaciones por valor de entre 1 y 5 millones de dólares por parte del Gobierno de Doha.

Así, mientras los manifestantes pro democracia se congregaban en las calles de El Cairo, en 2011, enfrentando la muerte por oponerse al Gobierno de Hosni Mubarak, la entonces secretaria de Estado se presentaba como defensora de los derechos humanos y aseguraba estar "profundamente preocupada por el uso de la violencia por parte de la policía y de las fuerzas de seguridad egipcias contra los manifestantes". Pero por detrás Hillary jugaba doble, según informó en junio de 2015 International Business Times. Por un lado, ella advertía a la Casa Blanca sobre la importancia de la renuncia del presidente Mubarak, a quien previamente había calificado como un gran amigo de la familia. Mientras por otro el Departamento de Estado dirigido por ella persuadió a Egipto para comprar armas al Gobierno de EE.UU. clasificadas como agentes toxicológicos, lo que incluye armas químicas y biológicas, que luego fueron letalmente utilizadas por las fuerzas de Mubarak contra los manifestantes que exigían su destitución, señala la publicación.

Así, la aprobación de las exportaciones de productos químicos y biológicos para el Gobierno egipcio por el Departamento de Estado, gestionado por Hillary Clinton, esa incansable defensora de los humildes, aumentaba a medida que aumentaba el volumen de dólares que fluía hacia la Fundación. Un grupo estrechamente vinculado con el Gobierno de Mubarak pagó al bueno de Bill 250 000 dólares en 2010, unos cuatro meses antes del inicio de la revolución egipcia.

Todo parece indicar que la aprobación de la venta de armas químicas estadounidenses a Egipto estaba dirigida a beneficiar los intereses de la familia Clinton, mayormente con dinero en efectivo; una muestra de la utilización del poder para obtener ganancias millonarias.

De modo que durante dos años de protestas de la Primavera Árabe, con levantamientos populares que enfrentaron algunos gobiernos, el Departamento de Estado de Clinton aprobó 66 millones de dólares en exportaciones de armas a la región. Estas armas fueron vendidas a nueve gobiernos de Oriente Medio.

En junio de 2015, The Washington Times realizó una investigación que muestra que la filial de la Fundación Clinton en Suecia recibió 26 millones de dólares, al mismo tiempo que Estocolmo presionaba a la exsecretaria de Estado para eliminar las sanciones contra Irán. Según varios documentos e informes citados por la investigación, el asunto no fue conocido por el Departamento de Estado, puesto que todos los papeles de la filial fueron tramitados y registrados en Suecia.

Numerosas compañías suecas de índole internacional, Ericsson y Volvo por ejemplo, estaban en contra de las estrictas sanciones a la dictadura persa por sus propios intereses comerciales, mientras que, al unísono, Irán era el segundo mercado más grande en Oriente Medio para las exportaciones suecas después de Arabia Saudita.

La inextricable madeja de los manejos de la Fundación Clinton lleva al oligarca ucraniano Víctor Pinchuk, quien habría negociado con Irán, lo que violaría así las sanciones impuestas por Estados Unidos a la república islámica, según informa Newsweek en abril de 2015. A principios de ese año Pinchuk fue confirmado como el mayor contribuyente a título individual de la Fundación Clinton con al menos 8.6 millones de dólares. El oligarca es la cuarta persona más rica de Ucrania y posee Interpipe Group, fabricante de oleoductos y gasoductos, que según Newsweek exportaba suministros a Irán, en los años 2011 y 2012, incluyendo piezas de ferrocarril y productos de uso común en los sectores de petróleo y gas. Por todo ello, Interpipe podría haber violado las sanciones impuestas a Irán mientras se mostraba muy generosa con el matrimonio Clinton.

En mayo de 2015 se publicaba en EE.UU el libro *Clinton Cash*, del escritor Peter Schweizer, que muestra nuevos elementos de acusación contra las dudosas prácticas del matrimonio Clinton.

A lo largo de sus 245 páginas, el libro resalta que desde que salieron de la Casa Blanca en 2001, los Clinton han participado en una serie de relaciones poco fiables con personajes oscuros de diversas partes del mundo, acumulando más de 130 millones de dólares de fortuna a cambio de favores.

Los contactos económicos de la familia que muestra la obra se expanden por países como Colombia o Haití, la India o el Congo, una extensa geografía donde la pareja ha desdibujado en repetidas ocasiones las líneas entre la empresa privada, el servicio público, la filantropía y la amistad, exponiéndose a flagrantes conflictos de intereses, alega el libro.

Frank Giustra, un magnate del sector minero de Canadá, habría usado sus relaciones con la Fundación Clinton desde el año 2005 para hacer negocios en diferentes partes del mundo, incluyendo Colombia, México, Brasil y Haití.

"¿Qué pareja en la política estadounidense sería tan audaz como para tener a uno de los cónyuges aceptando dinero de empresas y gobiernos extranjeros, mientras el otro traza la política exterior de Estados Unidos?", se pregunta Schweizer.

Mucho antes del día de la publicación del libro, la poderosa maquinaria de los Clinton lanzó un bombardeo en los medios noticiosos movilizando a los organismos de control de los medios liberales y denunciando al libro como un proyecto de desprestigio.

En un artículo que firma en New York Post, un mes después de la publicación del libro, Schweizer asegura que el desconocimiento por parte de Hillary de la transferencia de uranio –el material utilizado para construir armas nucleares– a Vladimir Putin desde Estados Unidos, mientras era secretaria de Estado, va más allá de ser una admisión de negligencia ejecutiva extrema sobre un tema de Seguridad Nacional, y sería un acto de peligrosa corrupción porque, "en primer lugar, movió a los inversores que se beneficiaron de la oferta de uranio a donar colectivamente 145 millones de dólares a la Fundación Clinton". Y agrega el autor: "¿Espera ella honestamente que los estadounidenses crean que simplemente desconocía que el acuerdo estaba bajo consideración en su propio Departamento de Estado?".

Por otra parte, Mary Anastasia O'Grady escribe en The Wall Street Journal, marzo de 2015, que la Fundación Clinton tiene en su lista de donantes a la constructora brasileña OAS y al Banco Interamericano de Desarrollo, BID, los cuales le han dado entre 1 y 5 millones de dólares.

"OAS ha estado en las noticias porque está involucrada en el escándalo de corrupción que se centra en la petrolera estatal Petrobras. En noviembre, la policía brasileña arrestó a tres altos ejecutivos de OAS por su presunto papel en un caso de soborno y contratos inflados. La donación que OAS hizo a la Fundación Clinton merece la atención debido al poder que Bill Clinton tiene en Haití, donde la firma constructora ha recibido contratos del BID".

Los bancos de desarrollo son objetos de burla entre los economistas porque mientras proclaman que luchan contra la pobreza son particularmente buenos en la construcción de imperios. Se podría decir lo mismo de los Clinton en Haití. Pocos meses después de que Hillary se convirtiera en secretaria de Estado en 2009, Bill fue designado como enviado especial de la ONU en Haití. Eso le proporcionó a los Clinton mucho poder sobre las decisiones de ayuda extranjera estadounidense en el pequeño país.

Después del terremoto de 2010, acumularon mayor influencia con la designación de Bill como copresidente de la Comisión Interina para la Reconstrucción de Haití. El Departamento de

Estado empezó a dirigir a los interesados en competir por contratos en el país a la Fundación Clinton. "Caerle bien a Bill importa a quien quiera beneficiarse de la ayuda estadounidense destinada a Haití", asegura la articulista estadounidense.

O'Grady agrega que tal vez sea más fácil entender las donaciones del BID ya que el Departamento de Estado juega un papel clave en la aprobación de la financiación de ese banco en EE.UU. "El BID me dijo en un e-mail que realizó en 2014 una donación a la Fundación Clinton por 150 000 para la reunión sobre el Futuro de las Américas. Entre 2009 y 2013 donó otros 925 000 para financiar gastos y actividades para la planeación y diseño de siete foros de política pública... en el que líderes relevantes en temas clave para el trabajo del banco pudieran intercambiar ideas, fortalecer su entendimiento y forjar alianzas nuevas y más fuertes".

El problema con los Clinton en Haití, concluye O'Grady, es que a donde quiera que vayas "están ahí con la apariencia de conflicto de intereses. Es poco probable que Haití gane la larga pelea contra la corrupción cuando el gobierno de EE.UU le garantiza a un expresidente un amplio poder, con poca supervisión, para que distribuya cientos de millones de dólares en medio de tanta miseria".

Por otra parte, el escándalo del correo electrónico de Clinton mientras ocupó el cargo de secretaria de Estado, entre 2009 y 2013, toma un carácter especialmente delicado porque en ese período se produjo el ataque terrorista contra el consulado de Estados Unidos en Bengasi, el 11 de septiembre de 2012, que se saldó con cuatro diplomáticos estadounidenses asesinados, incluyendo el embajador, Chris Stevens, y puso a la canciller estadounidense en el foco de las críticas por su desacertado manejo de la crisis en la región. A Clinton se le critica sobre todo por sus manipulaciones iniciales que atribuían el ataque a una muchedumbre enardecida que protestaba por un vídeo que hacía mofa del profeta Mahoma. Después, la actual precandidata presidencial se vio obligada a rectificar, y la administración de Barack Obama intentó restar trascendencia al ataque de Bengasi, ya que así le convenía porque faltaban pocos meses para las elecciones presidenciales de noviembre de 2012, en las que el mandatario se jugaba la reelección.

Hillary es tan amiga de los pobres que, en plan pobre, visitó el jueves 7 de abril de 2016 el metro de Nueva York y tuvo un percance que fue captado por las cámaras de varios programas de televisión. La precandidata pensó posar de popular, cercana al pueblo y sus problemas, y descendió así al tren subterráneo, pero su falta de práctica en el manejo de la tarjeta la puso en un aprieto, un problema típico para quienes no tienen el hábito de utilizar el metro, y no supo pasar la tarjeta correctamente para pagar el pasaje. Sólo con la ayuda de sus azorados asesores, y tras cinco intentos fallidos, la precandidata pudo pasar al andén para abordar el metro rumbo al Bronx. Nada, que lo del metro, o lo de pobre, por mucho que procure aparentar no se le da muy bien a la multimillonaria.

Ted Cruz

De la multimillonaria, blanca, demócrata y de la tercera edad, pasemos a detenernos brevemente en un joven y casi pobre precandidato republicano de origen hispano, o más preciso, de origen cubano, nombrado Ted Cruz. Lo primero que llama la atención es que la prensa, tan dada a auscultar hasta las amígdalas cuando de republicanos se trata, o de republicanos realmente conservadores, no haya encontrado hasta el presente esqueletos, o al menos ninguno significativo, en el closet de Cruz.

Lo segundo que llama la atención es que Jimmy Carter, probablemente el peor presidente Estados Unidos, 1977-1981, sólo superado por Obama (según señala la prestigiosa consultora Gallup en un informe de opinión, apenas el 43% de los norteamericanos aprueba la gestión de Obama, curiosamente justo un año antes de optar a la reelección, frente al 51% alcanzado por Carter en el mismo periodo pero de 1980, que perdió contra Ronald Reagan, quien, antes de su reelección, tenía un 54), ha confesado que preferiría al magnate Donald Trump antes que al ultraconservador Ted Cruz en la Casa Blanca y considera además que Hillary terminará siendo la candidata del Partido Demócrata.

"Creo que elegiría a Trump, lo que sorprenderá a algunos de ustedes. La razón es que Trump ya ha demostrado que es completamente maleable. No creo que tenga ninguna postura fija por la que luchar en la Casa Blanca", dijo Carter, según publicó el diario local The Atlanta Journal-Constitution.

"Cruz no es maleable. Él defiende posiciones situadas muy a la derecha que defendería de llegar a la Casa Blanca", agregó Carter en marzo de 2016 durante una conferencia en el Parlamento británico.

"Trump es completamente maleable (sus ideas son flexibles, cambiantes)", apuntó Carter. "Yo no creo que tenga posturas muy fijas ni inflexibles. En cambio Ted Cruz no es para nada manejable. Sus ideas son de extrema derecha, en mi opinión, y las implementará inflexiblemente si se conviorte en presidente", concluyo. Carter no se refirió a Marco Rubio o a John Kasich, los otros dos precandidatos republicanos en campaña en ese momento.

Bien, sin pretender favorecer al uno o al otro, pero si no hubiese más ningún argumento disponible, el razonamiento de Carter sería suficiente al sensato elector para decidirlo por Cruz frente a Trump. Bastaría que el hipotético elector viré las valoraciones de Carter sobre el adjetivo en cuestión: no maleable positivo, maleable negativo. La verdad es que sólo un hombre con un sentido descendente de la sociedad, o con una visión contranatura de la realidad, podría definir una personalidad maleable como más positiva que una no maleable. Basta acudir al *Diccionario Manual de la Lengua Española Vox*, © 2007 Larousse Editorial, S.L. y ver las acepciones del adjetivo maleable.

1. Se aplica al metal que puede descomponerse en planchas o láminas: el estaño es un metal maleable.
2. Se aplica al material que puede trabajarse con facilidad: la plastilina es muy maleable.
3. Se aplica a la persona que se adapta a diferentes situaciones, que cambia fácilmente de opinión o se deja influir fácilmente por los demás: es todavía muy joven, por lo que tiene un carácter maleable.

En inglés, *malleable* sería si se quiere más negativo aún: *An example of malleable is a person whose decisions are constantly influenced by her peers' opinions,* según el diccionario *LoveToKnow's YourDictionary*.

¿Se imaginan lo que sería para EE.UU., y para el mundo occidental, un presidente cuyas decisiones están constantemente influidas por las opiniones de sus compañeros, peor aún, por las encuestas y los vaivenes de la voluble opinión pública y la politiquería al uso? No me consta que Trump sea maleable, es sólo la opinión de Carter y que él lo preferiría por eso, por maleable. La verdad es que, dados los peligros del presente, lo menos que necesita el mundo es un maleable en el salón oval.

A Cruz se le ha tildado de antiinmigrante, cuando en verdad se ha declarado defensor de una reforma migratoria que empezaría por fortalecer las fronteras y animar a la inmigración legal, eso sí, opuesto a las medidas migratorias por decreto de Obama que, apodado el Deportador en Jefe, quiere a toda costa, aun a costa de lo constitucional, dejar un legado histórico en todo cuanto toque. Así, si el rey Midas convertía lo que tocaba en oro, Obama lo convierte en historia.

En numerosas ocasiones, el senador Cruz ha criticado las medidas de Obama sobre reforma migratoria que, asegura, habrían supuesto una amnistía para los 11 millones de inmigrantes ilegales que viven en el país y un premio a quienes violaron, a veces por loables motivo hay que decir, las fronteras nacionales.

El senador ha declarado que para atraer el voto hispano pondrá de relieve los valores de fe, familia, patria y trabajo duro que comparte con esa comunidad. Valores subversivos y fascistas para los delicados oídos de la progresía del país.

Cruz acusa a los demócratas y a Obama de tratar la inmigración como un asunto partidista y de intentar asustar a la comunidad hispana para que vote de forma monolítica por su partido.

A su juicio, para que el Congreso apruebe una reforma migratoria es necesario llegar a un acuerdo sobre dos prioridades: asegurar las fronteras y animar la inmigración legal, no la ilegal. "Soy hijo de inmigrantes legales y soy un gran partidario de la inmigración legal", recalcó Cruz a la prensa, en abril de 2015, ante los que le acusan de antiinmigrante, y en referencia a sus orígenes cubanos. "Facilitar el camino de la ciudadanía para los que están aquí de forma ilegal es injusto para los que residen legalmente", y para los que procuran hacerlo respetando la ley, subrayó el senador republicano.

Pero Cruz no sólo eliminaría los decretos de Obama en relación con el tema migratorio, sino que se ha comprometido a eliminar todas las órdenes ejecutivas del mandatario en el "primer día de su gobierno". Lo que obviamente implicaría revertir todo el proceso del restablecimiento de relaciones con la dictadura cubana del general Raúl Castro y del levantamiento de las sanciones al régimen de Irán, sostenidos ambos en los dictámenes que tanto adora el mandatario demócrata.

Otro punto a favor del no maleable Ted es que destaca como uno de los precandidatos que más se ha opuesto, desde el principio, a la Ley de Reforma de Salud u Obamacare como popularmente se le conoce, y se opone tanto que hace tres años pronunció un discurso dilatorio de seis horas en el pleno del Senado para manifestarse en contra de dicha reforma, mediante la lectura del cuento infantil *Huevos verdes con jamón* o *Green Eggs and Ham*, del escritor Theodor Seuss Geisel, para disgusto de los demócratas y, ay, de los que suelen negar sensibilidad artística y literaria a los hombres no maleables o de la derecha, porque hasta la sensibilidad se les niega a quienes se oponen desafiantes a entrar por el estrecho ojo del esfínter epocal, esto es, a seguir los lineamentos políticamente correctos, dogmas del fanatismo iluminista, de la sociedad descendente que se acelera vertiginosamente en la posmodernidad nuestra de cada día.

Obamacare que ha mostrado ser un fracaso al traer más problemas que los que supuestamente pretendía solucionar, no sólo a la salud sino a la economía, y que se sostuvo desde el inicio en falsedades y no contó con apoyo bipartidista. Obama mintió concienzudamente en múltiples apariciones públicas apuntando que la ley de salud permitiría a las personas mantener sus médicos y seguros y que bajaría el costo de los mismos. Así, cuando el proyecto de ley de salud, un mamotreto de 2 700 páginas que no se les permitió leer a los congresistas –prohibición superflua por demás, porque de haber un congresista que se dispusiera estoicamente a leer ese indescifrable mamotreto, estaría todavía, al momento de salir esta segunda edición, leyendo y tratando de entender qué rayos dice. Pero la Pelosi, presidenta de la Cámara de Representantes en ese momento, exigió que los legisladores votaran por la ley de salud y después que la leyeran, un remedo de la costumbre socialista y moderada de disparar primero y preguntar después, qué inmunidad tienen.

Cruz, el no maleable y, al menos todavía, no maleado, para horror de los progres, que no pobres, de este mundo, niega la novela del calentamiento global –las últimas nevadas parecen darle la razón–, se opone al matrimonio homosexual, favorece la pena de muerte y es partidario de una política exterior en que EE.UU.

no se desentienda de su condición de primera potencia económica y militar en un mundo amenazado cada vez más por el islamismo militante, envalentonado más que nada por el relativismo religioso y cultural, la maleabilidad valga decir, de un Occidente que, confundiendo el símbolo con la cosa simbolizada, se manifiesta así bajo el decreto como un mantra de que da los mismo Dios que un caballo; un mundo marcado por las apetencias imperiales de potencias como Rusia, China e Irán, y por los esputos nucleares de Corea del Norte; todo lo que acrecienta en los últimos tiempos por la equivocada política exterior estadounidense.

El fenómeno Donald Trump

Habíamos apuntado antes que Donald Trump no es propiamente un republicano. La diferencia esencial entre Trump y Cruz es que el primero parece más que nada un populista, más cercano al difunto mandatario venezolano Hugo Chávez que al típico político norteamericano, comparación que, para ser justos, pega también para el presidente Obama. Trump no estuvo nunca antes registrado como republicano y ha contribuido con abundancia de dinero a las campañas de los demócratas. Así, en agosto de 2015 el propio magnate estadounidense dijo en el debate televisado de las primarias republicanas que la demócrata Hillary Clinton fue a su boda porque él donó dinero a su fundación.

"A Hillary Clinton le dije, ven a mi boda, y vino a mi boda. No tenía elección. Yo había donado a su fundación", explicó Trump, quien usó este ejemplo, protagonizado por él mismo, para probar que "el sistema está roto". "Doné a una fundación que se suponía que iba a hacer el bien. No sabía que el dinero serviría para pagar aviones privados en todo el mundo", añadió el inmobiliario. "Yo era un hombre de negocios. Le donaba a todo el mundo. Cuando me llamaban donaba. ¿Y saben qué? Cuando necesitaba algo de ellos, dos o tres años después, les llamaba y ahí estaban para mí", reconoció.

El candidato respondió así a las preguntas de los moderadores del debate, que le cuestionaron por sus pasadas donaciones tanto a Hillary como a la Fundación matrimonial.

Pero en 2012 calificó a la Clinton, en Fox News, como una mujer fantástica. "Soy parcial, porque la conozco desde hace años. Vivo en Nueva York. Ella vive en Nueva York. Realmente me cae muy bien, y su marido también". Lo innegable acá es que el multimillonario formó sus finanzas en Manhattan, que la Clinton fue senadora por el Estado de Nueva York y que ambos se movieron dentro de los mismos exclusivos cónclaves que mezclan alegre, ecléctica y pragmáticamente fortuna, fama y política en la sociedad de las pasarelas. Donald donó a la campaña de Hillary para el Senado y ella fue invitada al tercer matrimonio del magnate en Palm Beach, Florida, en enero de 2005. Pero, ahora, en la rebatiña electoral el multimillonario ha calificado a la multimillonaria, en Fox News, de de ser "la peor secretaria de Estado en la historia de Estados Unidos". Ella, por su parte, lo ha etiquetado a él de "racista" y "misógino", al tiempo que lo acusa de dividir al país, como si Obama no fuera el gran divisor del país, con su clasismo y su historicismo, y como si ella no hubiese formado parte preponderante de su gobierno. Trump donó 4 100 dólares para la campaña de Hillary al Senado, según el sitio digital Politifact, y dio más de 100 000 dólares a la Fundación Clinton. Sin embargo, al presente Hillary dice que no, que de amiguitos nada, que a lo sumo conocidos y como de lejitos. Pero la prensa ha documentado que sus hijas, Ivanka Trump y Chelsea Clinton, son íntimas amigas y han vacacionado juntas con sus respectivos maridos.

De modo que Trump no sería un republicano de tradición ni de pensamiento, o de principios, y no encaja como un verdadero conservador. Cruz, en cambio, está motivado por la filosofía y sostenido en una sólida formación intelectual, graduado Cum Laude por la Universidad de Princeton con una licenciatura en Políticas Públicas de la Escuela Woodrow Wilson, en 1992, y Magna

Cum Laude de la Escuela de Derecho de Harvard con un título de Doctor en Leyes, en 1995, editor ejecutivo de la publicación Harvard Law Review y editor fundador de la Harvard Latino Law Review, dotado de un constitucionalismo y, por lo mismo, de un conservadurismo permeado de una fuerte influencia libertaria y de un individualismo fundacional medularmente norteamericano. Ted fue el primer procurador general de Texas de origen hispano y también fue la persona más joven en ocupar esa posición en Estados Unidos.

No obstante la propaganda mediática que suele acusar a Cruz de antihispano, lo cierto es que el voto hispano, un 32% según una encuesta elaborada por Edison Research, fue fundamental para darle la victoria en las primarias de Texas, donde se alzó con 99 delegados frente a 38 de Trump.

"Parte de la explicación es que Ted Cruz es hijo de un pastor", le dijo en diciembre a BBC Mundo Carol Swain, profesora de la Universidad de Vanderbilt, anticipando el buen resultado para el senador cubanoamericano en Texas. "Los votantes saben que Cruz fue criado como un cristiano. Entre los cristianos más conservadores, los principios compartidos de fe son más importantes que otras consideraciones de raza, clase social o etnicidad. No me sorprende que sea popular en ese grupo y creo que se ha ganado credibilidad a través de su padre y a través de sus propias expresiones de fe", asegura Swain.

Incluso, ante los ojos de ese electorado conservador, Cruz puede haberse beneficiado de ser hijo de un cubano que abandonó la isla debido al régimen de Fidel Castro, teniendo en cuenta la fuerte tradición anticomunista de los evangélicos estadounidenses, le dice a la misma publicación Paul Harvey, un politólogo de la Universidad de Colorado. Harvey también señala que la fe evangélica está creciendo entre la comunidad hispana del país. "Los evangélicos saben que, hasta cierto punto, el futuro de su movimiento está ahí", indica el académico.

Y si en un libro anterior, *Mitos del antiexilio* (Miami, en español, 2007; Miami, en inglés, 2007; Milan, 2008), decimos que en el exilio cubano como desove de la republica izquierdizante anterior a 1959 (Fidel Castro no cayó del aire sino que se formó en su seno), excepto en determinados nichos dentro de las nuevas generaciones de cubanoamericanos, no podemos hablar con propiedad de una verdadera derecha, habría que decir que Cruz, como Rubio, son ejemplo de esas excepciones de auténtico derechismo de lo isleño exilar o, más bien, de su descendencia.

Trump y el tiempo bisagra

Para finalizar, no podemos dejar de hacer algunas consideraciones acerca de Trump y el entorno epocal que lo desova. Es incuestionable, al atento observador, que grandes sectores de la sociedad estadounidense, más allá del partidismo y las ideologías y sobre todo entre la gente que suda su sustento, se sienten desesperados por las desatinadas resoluciones políticas de la administración Obama y, en consecuencia, no ven ya salida mediante las maquinarias y las metodologías políticas tradicionales. Así, los movimientos sísmicos que sentimos en la superficie de la sociedad estadounidense no serían otra cosa que manifestaciones de feroces fracturas y radicales reajustes telúricos en lo más profundo, en el abismo del subsuelo social, allí donde surgen, aguardan y moran los monstruos de la noche mítica; anterior a toda historia. Esas formaciones físicas, expresiones del plano espiritual, del inconsciente social para usar un término racionalista, no creen ya en los partidos al uso. Están a la búsqueda de un líder diferente, un mesías si cabe, que pudiera ser lo mismo un iluminado que un demagogo, alguien que diga, sinceramente o no, pero que lo diga, lo que ellos sienten y no saben o no pueden decir. Este es un periodo histórico excepcional, un tiempo crucial, un tiempo de elegidos, como tantas otras veces en el pasado de la humanidad, pero esos tiempos tremendos, que escapan a todo deber ser, a toda racionalidad, moralidad, humanismo, conceptualizaciones de bien y mal, nociones de grandeza o bajeza, conveniencia o pragmatismo, paren lo mismo un César que un Calígula, un Cristo que un Mahoma, un Churchill que un Hitler; un santo que un satán. Nada sabemos de por qué uno o el otro, de los míticos mecanismos que los determinan, después vendrán las explicaciones y teorizaciones más o menos descabelladas, más o menos acertadas, pero siempre sobre los hechos consumados, sobre las consecuencias, no sobre las causas, sobre lo físico y superficial, no sobre lo hondo y espiritual; al final, una esquematización montada sobre las apreciaciones y prejuicios, las puerilidades y perversiones, los devaneos y desencuentros, las furias y las frustraciones, las idealizaciones e idioteces de los escribas, historiadores, académicos y estudiosos posteriores.

Nos avocamos a un cambio de época, de paradigma en todos los órdenes humanos, lo que era ya no será, lo que hasta ayer dábamos por cierto ahora nos parecerá dudoso, o falso de toda falsedad, lo que dábamos por bueno e inteligente nos parecerá malo e ignorante, lo conveniente inconveniente, eso se verá no sólo en la política, el pensamiento, la sociedad y las costumbres sino también, si sobreviven, en las expresiones del arte y la literatura; habrá un regreso a las raíces, todo lo que dilata contrae, lo que va viene, lo que baja sube, lo que muere vive, así, por los ciclos de los ciclos, amen. Para ser modernos, como ya apuntamos según Kundera, no tendremos otra opción que ser antimodernos. Con el arte y la literatura ocurrirá que de lo pueril, intimista, enrevesado, banal, anatómico, a veces anal, de los últimos tiempos, regresarán a sus fuentes primordiales en que fueron manifestaciones del espíritu, sacras en sí mismas, determinantes sobre el mundo fenoménico; habrá una vuelta a las imágenes pictóricas como herramientas de la magia operacional o a sus sublimaciones de escenas religiosas, primero, o de las grandes batallas, paisajes y personalidades históricas después; a las metáforas de los poemas fundacionales y las narraciones mitológicas primero, y a los poemas épicos y las narraciones epopéyicas después, no literalmente quizá, que tampoco hay que exagerar, pero habrá sin dudas una vuelta a la poética y la novelística del pasado, a las formas tradicionales que se corresponden con los auténticos contenidos de un mandato sagrado detrás de las obras, de los autores que harán esas obras, un mandato del inconsciente, diríamos, para explicar más o menos racionalmente algo que no es racional, pero que permite un mejor entendimiento de lo que decimos.

Todo ello acontecerá, o el arte y la literatura, el pensamiento y la política, la sociedad y las estructuras de gobierno, desparecerán, al menos tal cual han sido en Occidente hasta ahora y por muchos siglos.

Ya estamos nuevamente en los nacionalismos, ya la gente no se declara ciudadana del mundo en la vulgarización globalista y postmoderna de la famosa frase de Sócrates: "Yo soy un ciudadano no de Atenas o Grecia, sino del mundo". Más bien se dice o se considera ciudadana no de un país sino de una región, no de una región sino de una ciudad, como se consideraban los hombres de hace muchos siglos en los tiempos de Sócrates, que era un moderno y pronuncia la célebre frase en el contexto de la antimodernidad de la gente común de su tiempo, al considerarse ciudadana de una ciudad. Algo que quedaba reducido al sabio. Bueno, el sabio griego, considerado uno de los más grandes tanto de la filosofía occidental como de la universal, entronca ahora con los modernos de nuestro tiempo, que van dejando de serlo ante los insospechados giros de la realidad, terca y contrarrevolucionaria, que hace a las personas del siglo XXI declararse ciudadanas de París, Madrid, Miami, Milan, Nueva York, Buenos Aires o Berlín.

Pero, no sólo eso, en casos extremos las personas declaran su pertenencia y fidelidad territorial no a una ciudad sino a una barriada, no una barriada sino a una manzana y no a una manzana sino a un bar en una manzana, ciudadano de este bar, declaran orondos y demandan una cerveza.

Así, ya no sólo se acrecientan los nacionalismos sino que, paradójicamente, ello coincide en algunas regiones del planeta con la desaparición de los estados nacionales, con una fragmentación en grupos ligados a intereses específicos, étnicos, religiosos, políticos, y hasta sexuales, que se asimilarían en alguna medida a las hordas y las tribus del pasado; de hecho ya se viene hablando desde hace tiempo de las disímiles tribus urbanas entre jóvenes mancomunados por las más nimias identidades, determinadas por los barrios en que viven, los símbolos que se tatúan, la música que oyen, la moda que siguen, el peinado que portan o la manera en que asumen el acto sexual.

La horda antecede al clan, el clan a la tribu, la tribu a las ciudades estados, las ciudades estados a los reinos, y los reinos al imperio o la idea imperial. Es más o menos lo que sucedió en la antigüedad. Pero al presente, junto a la fragmentación mencionada, persiste la pulsión imperial. Es lo que apreciamos en la Rusia de Putin, en la China de Xi Jinping o, a su manera degradada, en la Cuba de Raúl y Fidel Castro. La idea imperial se concreta por demás, y cobra macabra actualidad, con ISIS o Estado Islámico de Irak y al-Sham, también conocido como Estado Islámico de Irak y el Levante, lo que abarca una extensa región transnacional que incluye Israel, Líbano y Siria. Eso que ahora se conoce como Estado Islámico, empezó como Al-Qaeda en Afganistán, y después en Irak, asimilable en ese momento a las hordas o tribus del pasado, pero no por ello menos peligrosa pues no olvidemos que fue la organización detrás de Bin Laden y los atentados terroristas que derribaron las Torres Gemelas de Nueva York, en 2001, que actualmente se concreta en una férrea voluntad de fortalecimiento, expansión y ocupación. Así, si Al-Qaeda en su estadio de horda o tribu sólo estaba interesada en atacar y dañar, ISIS, en su estadio imperial, está interesado además en ocupar y controlar territorios, de manera que ya dominan a la antigua usanza parte de Irak y Siria, en lo que ellos llaman un califato. Por lo que ISIS o Estado Islámico sería a la vez un grupo terrorista, una horda, una tribu, un Estado de facto y un espasmo imperial.

Califato viene de khalifa, que significaría sucesor, sucesor de Mahoma el fundador del Islam. El califato o dominio del sucesor original ocupó Medio Oriente, el norte de África y la península Ibérica entre el año 622 y el 750. A lo largo de la historia hubo otros cinco califatos reconocidos y el último de ellos fue el del Imperio Otomano, que desparece en 1923 al fundarse la República de Turquía. ISIS quiere revivir ese imperio del pasado. Ante eso, EE.UU puede que necesite retomar, si es que alguna vez desistió de ella, la antigua idea imperial.

Es posible que el mundo, frente a la fragmentación, vuelva a los imperios. No olvidemos que en el pasado los imperios vinieron a imponer paz, orden, prosperidad y libertad en vastas regiones del planeta dominadas por el caos, la desolación, la miseria y la muerte (consecuencia sobre todo de las continuas guerras y rebatiñas entre las múltiples tribus), y que, a punta de espada, fueron un decisivo factor civilizador. No olvidemos también que los estados nacionales son una creación artificial del mundo moderno, surgida sólo a mediados del siglo XVII, mediante el tratado de Westfalia, en 1648, tras la Guerra de los Treinta Años, librada en la Europa Central, principalmente en el Sacro Imperio Romano Germánico, que se viene a consolidar en el siglo XIX, tras la revolución industrial, la revolución americana y la revolución francesa. Así el Estado nacional sería, en cierta medida, fruto a la misma vez del pragmatismo racionalista y del romanticismo revolucionario.

Contrariamente a lo que se nos ha dicho, la desintegración del Imperio español, tras la pérdida de incalculables vidas humanas, la devastación y la ruina económica durante las largas y múltiples guerras por la independencia sudamericana, y la instauración de las posteriores republiquitas, que a su vez dieron lugar a otra interminable serie de guerras, revoluciones, caudillos y dictaduras, significó probablemente el más grande desastre humano padecido en este hemisferio y del que, aún hoy, se sufren las secuelas.

De modo que al presente pudiéramos estar en un tiempo bisagra, uno en que el Espíritu de la Época va siendo otro. Así, veremos aquellos modos y sistemas que nos parecían imperecederos, y hasta impecables, derrumbarse como castillos de mantequilla al sol del mediodía, y a las lumbreras dentro de esos modos y sistemas, estrellas del cine y el espectáculo, escritores, intelectuales, empresarios, periodistas, políticos, pontífices, funcionarios, mesías del cambio climático y otras zarandajas, empequeñecerse y desparecer en la misma nada que siempre fueron, porque el numen epocal que los sostenía, hinchaba y sobredimensionaba habrá desaparecido previamente, para dar paso al Espíritu de otra época que traerá consigo otras demandas y desesperos, problemas y parabienes, peligros y poderes, prioridades y expectativas, pecados y privaciones, agonías y abundancias, vicios y virtudes que requerirán de otro tipo de héroe en las esferas del accionar humano, sobre todo en las esferas del arte, las letras, la religión, la política y la guerra; porque guerra habrá, acabando la falsa sensación de seguridad del mundo moderno como un sitio conocido, doméstico o domesticado, desentendido de lo divino, de los misterios de los ciclos existenciales, al que se viene, con buena suerte, a engordar el ego y el trasero, a saciar unos deseos y perversiones, y legislar luego sobre esos deseos y perversiones, donde las libertades y el sustento se dan por hechos, donde la muerte, la enfermedad, la vejez y la miseria se eliminan por decreto; así vemos maratones o meses dedicados a la lucha contra el cáncer, la atrofia muscular, el autismo, el armamentismo, el hambre, la frigidez o la violencia de género; un mundo para andar bellos, saludables, musculosos y calentitos, con todos los orificios satisfechos, y donde el sólo hecho de desconectarnos de Internet nos aterra.

En la primera edición de este libro, en 2011, habíamos dicho que el Partido Demócrata se estaba bifurcando hacia los márgenes, resquebrajando el cuerpo social, latinoamericanizándose en suma, pero hoy eso sería un hecho no sólo en esa maquinaria política, sino también en su contraparte, el Partido Republicano, y más allá de las mencionadas maquinarias, en la sociedad estadunidense toda. Trump no es la causa de nada, tampoco Obama, ambos son la consecuencia de un largo y escabroso proceso descendente en lo social, de ninguneo y deformación de los valores tradicionales mediante los medios de comunicación, el sistema escolar, las universidades, las figuras del espectáculo y los emisores de opinión, pero a su vez ello tampoco es causa de nada, sino la consecuencia de fenómenos profundos que anidan en el pensamiento, pero antes en la psiquis y en el alma humana, de modo que las cosas y fenómenos de este mundo se darían y funcionarían según la previsión de que todo lo manifestado tiene su causa en algo más profundo, anterior y no manifestado.

En el ensayo *Del fanatismo religioso al fanatismo racionalista* (revista Otro Lunes, #34), ahondábamos en la procura de discernir en el descendimiento o degradación de la modernidad, o postmodernidad como le nombran, para encontrar que hubo un tipo de sociedades determinadas por la real regimentación de las civilizaciones antiguas o tradicionales en su subordinación a los poderes de lo sacro más que a los poderes de este mundo y donde, obviamente, los poderes de este mundo que se percibiesen desasidos o abandonados de los poderes de lo sacro corrían el riesgo cierto de caer descabezados. Sociedades, anteriores al Renacimiento y la Reforma, que estarían organizadas verticalmente desde lo alto monárquico hasta lo bajo de siervos y demás integrantes de la masa que configura la base de la pirámide, pasando antes por la nobleza feudal, el clero, las distintas órdenes religiosas, las órdenes de caballería, los gremios, logias y talleres de los canteros y otros oficios que, en algunos casos, evolucionarían posteriormente hacia la masonería especulativa.

Misma masonería que sería determinante en el advenimiento de la sociedad moderna con el crisol de fenómenos históricos como la revolución norteamericana, la Ilustración y la revolución francesa. Es bueno hacer un distingo entre las logias masónicas que influyen en el desencadenamiento de los hechos en Francia de las que lo hacen en Norteamérica, entre los pensadores de la Ilustración francesa y los de la inglesa (la mayoría de los cuales serían también masones) y, obviamente, entre las sociedades civiles que desovan ambos fenómenos. Digamos que la diferencia estribaría, fundamentalmente, en que las sociedades civiles del ámbito anglo y norteamericano serían más libres y estables que las sociedades del ámbito franco. Quizás ello se deba a que la libertad y la estabilidad dependen en buena medida del sentido ascendente o descendente de las sociedades.

Así, el barón y filósofo tradicionalista italiano Julius Evola, quien ha ahondado quizá como nadie en el análisis de la modernidad, asegura que la causa verdadera de la decadencia de la idea política en Occidente contemporáneo reside precisamente en el hecho de que los valores espirituales que una vez impregnaron el ordenamiento social han venido a menos, sin nada que les sustituya.

El problema es, apunta Evola, que se ha descendido al nivel de consideraciones y factores económicos, industriales, militares, administrativos y, como máximo, sentimentales, sin que se den cuenta que todo esto no es más que mera materia, necesaria hasta donde se quiera, pero nunca suficiente para producir una ordenación social sólida y racional, apoyada sobre sí misma, de la misma forma que el simple encuentro de fuerzas mecánicas no producirá jamás un ser viviente.

De modo que EE.UU se fundó no tanto como democracia y más como República constitucionalista, pero se fundó sobre todo mirando hacia lo alto, como lo demostraría el que las logias masónicas de las trece colonias, New Hampshire, Massachusetts, Rhode Island, Connecticut, New York, New Jersey, Pensilvania, Delaware, Maryland, Virginia, North Carolina, South Carolina y Georgia, fueron el foco definitivo de la insurrección contra la dominación británica.

Tan importante para la historia norteamericana sería

la masonería que (según el National Heritage Museum y documentación de la hermandad en general) la mayoría de los que firmaron la Declaración de Independencia de Estados Unidos, el 4 de julio de 1776, eran distinguidos hijos de la viuda, tal como se conoce a los miembros de la hermandad, entre ellos: Ellery, Franklin, Hancock, Hewes, Hooper, Paine, Stockton, Walton y Whipple.

Así, nueve de los trece delegados que rubricaron los artículos de la nueva confederación eran masones: Adams, Carroll, Dickinson, Ellery, Hancock, Harnett, Laurens, Roberdau y Bayard Smith, y masones fueron también los hombres que firmaron la Constitución estadounidense: Bedford, Blair, Brearley, Broom, Carroll, Dayton, Dickinson, Franklin, Gilman, King, McHenry, Patterson y Washington. La gran mayoría de los congresistas que ratificaron dichos acuerdos eran igualmente miembros de la hermandad masónica y, además, la gran mayoría de los altos mandos del Ejército republicano que se enfrentó a las tropas británicas estaba constituida por iniciados en los misterios bajo la égida de la escuadra y el compás.

Lo cierto es que la masonería especulativa ha ejercido una influencia determinante en el establecimiento de la nación norteamericana, una influencia que ha sido mayor que la ejercida por cualquier otra institución en la historia de este país.

Pero no es sólo asunto de masonería en cuanto a lo sacro norteamericano, pues no es posible olvidar que los peregrinos que arribaron en el Mayflower lo hicieron bajo la pulsión de lo religioso y del escape de la persecución religiosa en el viejo mundo.

Aunque es bueno señalar también que la religiosidad en sí misma no bastaría para la tendencia ascendente en una sociedad dada, sino más bien una cierta doctrina del *dharma* a través de la cual se rechaza el concepto igualitario de *naturaleza humana*, impulsado fundamentalmente por la herencia judeo-cristiana y retomado después por jesuitas, protestantes e iluministas.

Una religiosidad en suma que sustituya el concepto de *naturaleza humana* por el más cualificado de *naturaleza propia*, la que cada uno debe llegar a desarrollar para el cumplimiento de la libertad individual dentro de lo social.

Las sociedades descendentes huyen de lo religioso, pero no escapan de ello, sino que se sostienen sobre una religiosidad otra, pasando de las utopías celestiales a las terrenales, utopías materialistas que llegan a su clímax, orgasmo ensangrentado, con el socialismo en sus puntuales vertientes del nazismo y el comunismo, dos alas de un mismo pajarraco, la una negra, la otra roja, la una nacionalista, la otra internacionalista: apoteosis ambas de la supra razón y la supra modernidad.

Momento en que los hombres, no bastándoles con expulsar al Cristo del firmamento de sus mentes atormentadas, expulsan además a todos los dioses habidos y por haber, y entonces, ni cortos ni perezosos, vienen a repetir el proceso crístico pero al revés, pues si Cristo es Dios hecho hombre que se deja crucificar, ahora ellos hacen dioses de unos hombres, líderes máximos les llaman, ante los que terminan crucificados.

¡Vaya que con los Lenin, Stalin, Hitler, Castro, Chávez o Maduro de este mundo hemos topado! Tránsito del oscurantismo religioso al oscurantismo racionalista, de los dogmas divinos a los dogmas sociales; de Moisés a Marx. Del Santo Oficio de la Inquisición al Departamento de Orientación Revolucionaria y la Seguridad del Estado. Un retroceso, la verdad. Uno en que la sociedad moderna occidental, descreída de los mitos fundacionales, cuentos de la era adolescentaria de la humanidad les nombran, se deja dominar por los mitos disfuncionales. Una sociedad que queriendo emanciparse mediante la individuación se retrotrae a la masa amorfa de los estadios tribales; a la arcaica mente grupal.

En los tiempos de Marx y de la brusca y agitada liberalización política y económica del diecinueve, la sociedad civil, concebida como sujeto material y concreto, adquiere una supuesta capacidad de acción y movimiento que no sería otra cosa que mortandad y estancamiento. Y de la sociedad civil marxista pasamos a la sociedad civil gramsciana, antinaturales ambas. El italiano Antonio Gramsci funde en una sola cosa lo civil y lo estatal y, como los católicos en versión aristotélico-tomista, pero sin lo sacro, apuesta por la sociedad perfecta, y piensa que cuando el Estado lo es todo, la sociedad civil recupera con ello su concreción ideal y consolida su hegemonía ética, política y cultural.

Gramsci vaticinó que el poder político sobre la sociedad había que tomarlo desde los sistemas escolares y académicos, los centros culturales y los medios de prensa. Contrario al marxismo, el gramscismo no tiene nada de obrerismo revolucionario, sino mucho de intelectualismo revolucionario. Justo lo que sucede al presente en el mundo occidental, empezando por EE.UU. Y si EE.UU. había encarnado la libertad durante dos siglos al menos, es probable que ahora, gracias al gramscismo, eso estaría dejando de ser cierto.

De manera que Obama y Trump serían más un resultado del gramscismo que del marxismo, no así Sanders que, por su avanzada edad, sería más que nada un resultado marxista. Pero más que Trump, Obama no sería otra cosa que el producto final de una sociedad antinatural al estilo gramsciano. Trump sería más bien el producto de una utopía, igualmente materialista, que sería la del capitalismo financiero fácil, especulativo y globalista, a corto plazo y más corta vista, de rápido enriquecimiento y sin muchos miramientos morales o principistas, más cercano al antiguo mercader, en este caso de alcance mundial a un golpe de tecla, que al verdadero capitalista.

Bajo el sistema gramsciano la democracia degenera en demagogia. Pero la demagogia deviene en dictadura cuando los políticos están obligados a contentar a toda costa, para arribar al poder, a las mayorías dominadas no por la mente, sino por el estómago o la entrepierna.

Así, en la posmodernidad los estrategas antisistema han declarado abiertamente que una sociedad civil reivindicativa sería la manera de minar las democracias burguesas, de modo que se apoyan, crean o exacerban ciertos derechos a reclamar por grupos de activismo homosexual, ambientalista, feminista, pacifista, pro marihuana, pro emigración ilegal, relativista y multiculturalista. Así se legisla a paso del deseo, las emociones, los prejuicios y los sentimentalismos de cada horda o tribu social, y se crea un derecho para cada apetencia, sin sentido no ya de nación sino sin sentido común.

La lucha de clases del marxismo ha sido sustituida por la fragmentación social del gramscismo. Y la sociedad del gramscismo requiere, como en el mundo de Orwell, una neo lengua que pervierta no ya la palabra sino el pensamiento, y no ya el pensamiento sino la realidad. Así, aunados el mundo de George Orwell, el de la novela *1984*, y de Aldous Huxley, el de la novela *Un mundo feliz*, el hombre deviene en esclavo contento, olvidado de la oscuridad del alma, encandilado ante la velocidad y las luminiscencias de las pantallas en las autopistas virtuales, en un viaje hacia la nada.

Tanto los descontentos del Tea Party agrupados tras Cruz, como los más heterogéneos, y heterodoxos, agrupados tras Trump, en el bando republicano, y aún los descontentos tras Sanders, en el bando demócrata, serían señales de los nuevos tiempos, de que algo huele a podrido en el organismo social estadounidense, y occidental por extensión. La gente tiene la sensación real o imaginaria, que para el caso da igual, que se le viene estafando y mintiendo desde hace tiempo, de que nada es como parece, de que aquello que nos venden como bien es mal, y de que aquello que nos venden como mal es bien, de que si en el pasado, como en Cuba y los antiguos países comunistas, empezaron por fusilar a la prensa para imponer la dictadura, ahora es al revés: la prensa es la que fusila, con virtualidad y alevosía, pero fusila, mata a mentiras a la masa inerme, o la manipula, desprestigia a los rebeldes, desaparece lo inconveniente, y mientras aparenta que defiende a los pobres sirve a los poderosos que aparentan la misma cosa; los Clinton y los Obama serían el más claro ejemplo.

Un macabro juego de espejos y cartas trucadas, donde el individuo tiene todas las libertades de lo baladí y cada vez menos las libertades fundamentales, un individuo que se pinta el pelo de colorines encendidos y viste y se conduce de manera estrafalaria para ser diferente, distanciarse de la masa, según le dicen los anuncios comerciales a toda hora, pero que cada vez más se convierte en un elemento, un ente, un número, desasido de toda grandeza, o miras de grandeza, una estadística que conforma la gran masa descerebrada, aquiescente frente a la infinitud de las pantallas inductoras de productos, pasiones y emociones, que adormecen y alejan del alma (no por casualidad esta temporada han tenido tanto éxito las horripilantes series televisivas de los zombis).

Y si Trump ha declarado que el sistema está roto, el senador Marco Rubio acaba de declarar lo mismo (14 de abril de 2016), al constatar que el Senado de Estados Unidos se negaba a discutir su propuesta sobre reforma a la Ley de Ajuste Cubano y los beneficios a los inmigrantes isleños.

El senador Rubio se mostró claramente disgustado con esta decisión, y criticó la "parálisis política" que existe en el Congreso. "Esta es la razón por la que las personas están tan cansadas de la política", dijo Rubio, quien señaló que hasta hace un mes como candidato republicano a la presidencia escuchaba a los votantes acerca de sus frustraciones con los legisladores. "Usted puede votar por un demócrata, puede votar por un republicano, puede votar por un vegetariano. No importa por quién usted vote: No sucede nada. Estas personas no hacen nada". "Nadie puede discutir esto", agregó de su propuesta. "Pero ni siquiera puedo conseguir una votación sobre una enmienda para cambiar esto".

¿Y por qué no? Según Rubio, porque sus colegas republicanos le dicen: "No podemos votar por la propuesta porque, si te damos tu enmienda, entonces tenemos que también dar al otro lado su enmienda"(en referencia al lado de los demócratas).

Trump dice cosas que conectan con el inconsciente de las personas, que pocos políticos se atreven a decir pero que mucha gente quiere oír. Al menos lo dice, no sabemos si lo hará, pero por lo pronto es imparable en su popularidad. Trump tiene la ventaja de que habla a las emociones, mientras Cruz, sin que sea un racionalista, habla más a las razones y, ya sabemos, entre emociones y razones suelen ganar las emociones; más si son primarias.

Una cosa parece quedar clara, el candidato en la convención del partido que se celebra en julio, que obtenga el apoyo de los 1 237 delegados requeridos debe ser el nominado por el partido o, en su defecto, el que más delegados tenga, y evitar lo que se conoce como una "convención negociada". Si Trump es el triunfador, el Comité Nacional Republicano debe arreglárselas con él y abstenerse de maniobras que, siendo perfectamente legales, pueden no ser éticas, para imponer un candidato, sea Cruz o sea Kasich, o incluso un nominado de última hora, porque fragmentaría más todavía a un fragmentado partido y, obviamente, fragmentaría más todavía a una fragmentada sociedad, generando desconfianza, más de la ya existente, en el electorado que justamente se sentirá estafado. Thomas E. Dewey fue el último candidato republicano electo en una "convención negociada", en 1948, para luego perder las elecciones frente al demócrata Harry S. Truman.

Trump dijo en marzo al programa News Day de CNN que una determinación en ese sentido podría terminar generando violencia y caos, habría disturbios, "creo que pasarían cosas malas". "Represento a muchos millones de personas... Si les roban sus derechos, creo que habría problemas como no se han visto nunca antes", puntualizó el multimillonario.

Pero no sólo Trump, el mismo Cruz se manifestó, en la misma fecha, en contra de una "convención negociada" asegurando que sería un verdadero desastre. "Hay algunos en Washington que tienen sueños febriles de una convención negociada. Están descontentos con la forma en la que la gente está votando y quieren tirar en paracaídas a su candidato favorito", dijo Cruz al New Day.

"Si termina sucediendo que lleguemos a Cleveland y que nadie tiene 1 237 delegados, que Donald tiene un montón de delegados y que yo tengo un montón de delegados y nos encontramos emparejados, entonces les corresponde a los delegados decidir". De no ocurrir así "la gente tendría todo el derecho a rebelarse", agregó el senador tejano.

Un buen punto de concordancia, un atisbo de que los aparentes opuestos pudieran complementarse, materializarse en una misma boleta para enfrentar fortalecidos seguramente a Hillary en las elecciones presidenciales de noviembre.

Los electores, o las fuerzas detrás de los electores, tendrán la última palabra, y si alguna certeza abrigamos sobre esta campaña por la presidencia es que el ganador de noviembre determinará, por muchos años, la deriva descendente o el derrotero ascendente de la nación norteamericana.

abril de 2016

Acerca del autor

Armando de Armas nació el 15 de octubre de 1958 en Santa Clara, Cuba. Licenciado en Filología por la Universidad Central de Las Villas. Integró el movimiento de derechos humanos y cultura independiente dentro de la isla. Sufrió persecución y arrestos por su empeño en una escritura libre. Encarcelado en 1989, logra evadirse de la prisión ese mismo año. Sale de Cuba en 1994 en una espectacular fuga bajo persecución y fuego de las tropas guardafronteras, junto a un grupo de amigos, en una embarcación por el sur de la isla y en un periplo de más de 600 millas a las Islas Caimán y de estas a Quintana Roo, en México. La revista Lettre Internacional de Berlín publicó, en traducción al alemán, una crónica suya sobre dicha fuga. En 1995, como parte de una flotilla de exiliados que se dirigía en protesta a La Habana, sobrevive al naufragio de la nave Sundown II en el estrecho de la Florida.

Ha publicado los libros:

Mala jugada, relatos, Miami, 1996, Nueva York, 2012, escrito en Cuba y publicado en Estados Unidos. Relatos de este libro han sido incluidos en la antología de Michi Straufeld, *Les Nouvelles de Cuba*, Editorial Metaillié, París, y en la antología *Cuentos desde Miami*, Editorial Poliedro, Barcelona, y en la antología *Kubánská èítanka*, Praga, de Margarita Mateová Palmerová y Stanislav Škoda. También un relato de este libro fue traducido al alemán y publicado por la revista Lettre International, de Berlín.

Carga de la caballería, relatos, Miami, 2006. El relato *Dedos* de este libro es publicado por TheWriteDeal, Nueva York, 2011. Por otra parte, este libro de cuentos estuvo durante tres semanas en la lista de los más vendidos en Miami, y fue presentado durante la Feria Internacional del Libro de esa ciudad en 2006.

Mitos del antiexilio, ensayo, Miami, 2007, presentado en varias universidades de Estados Unidos y en la Feria Internacional del Libro de Miami de ese año, dos semanas en la lista de los más vendidos de esa ciudad. Publicado en inglés por la Editorial Alexandria Library, 2007, y en italiano en 2008 por la Editorial Spirali, presentado con gran despliegue mediático en el Hotel Palace de Roma, y en giras posteriores en las ciudades de Milán, Senago, Bolognia y Florencia. Entre los libros más vendidos de Spirali el año en que se publicó.

Los naipes en el espejo, ensayo, Nueva York, 2011.

La tabla, novela, Editorial Hispano Cubana, Madrid, 2008, presentada ese mismo año en Madrid, presentada en 2009 en el Centro Cultural Español de Miami, e invitada a la Feria Internacional del Libro de esa ciudad en noviembre de 2009. Fue publicada tras 18 años de haber sido escrita en Cuba y sacada clandestinamente del país, ha sido catalogada por algunos críticos y estudiosos de la literatura isleña como la "novela de la revolución cubana".

Caballeros en el tiempo, novela, Editorial Atmósfera Literaria, Madrid, 2013. Presentada en España y Estados Unidos. Este libro nunca pudo ser publicado en Cuba y formó parte de la literatura contestataria dentro de la isla, hasta que fue sacado clandestinamente del país por el autor.

De Armas ha sido seleccionado para integrar la antología de ensayos *La democrazia,* Milan, 2009, publicada por la Università Internazionale del Secondo Rinascimento y la Editorial Spirali, que incluye a intelectuales y pensadores de Oriente y Occidente.

También aparece en el libro de entrevistas y valoraciones sobre vida y obra de escritores, *Scrittori, artisti,* Spirali, 2009, del escritor y académico italiano Armando Verdiglione (*Scrittori, artisti, in un'accezione nuova: nel secondo rinascimento l'oralità è il modo di scrittura dell'esperienza originaria. L'intreccio di queste conversazioni al di fuori degli schemi contribuisce al processo di valorizzazione della memoria: testimonianze, racconti, aneddoti, apologhi, paradigmi di vita, amicizia, battaglie intellettuali)*

Ha escrito artículos, ensayos y testimonios para la revista Lettre Internacional de Berlín, algunos de primera plana. Como autor ha sido entrevistado para numerosos medios europeos, entre ellos el canal Art de la televisión franco-alemana, la televisión de Castilla-La Mancha, Corriere della Sera y Vanity Fair en Italia. Así como para el libro *Cuba: Mémoires D´Un Naugrague,* París, 2009, publicado recientemente en español bajo el titulo de *El libro negro del castrismo,* del escritor Jacobo Machover, y que contiene el testimonio de intelectuales y personalidades que sufrieron cárcel y persecución en Cuba.

En 2010 se publicó en España un libro, *Última novela: Cuba*, del académico Ramón Luque de la Universidad Rey Juan Carlos de Madrid, que es un estudio dedicado a la vida y la obra de cuatro escritores cubanos del exilio, entre ellos Armando de Armas.

Por otro lado, fue vicepresidente del PEN-CLUB de Escritores Cubanos en Exilio (Capítulo del PEN Internacional de Londres). El 31 de agosto de 2007, formó parte de una delegación de líderes del exilio cubano y de legisladores del Congreso de Estados Unidos que, invitados por el Gobierno de Polonia, firmaron junto al presidente polaco, Lech Kaczyński, el Acuerdo por la Democracia en Cuba, en la ciudad de Lubin.

Conocida personalidad de los medios de difusión hispanos en EE.UU., participa como invitado semanal en programas de alto índice de audiencia de la televisión en el sur de la Florida. También participa frecuentemente como invitado en programas de radio y se desempeña como escritor de columnas semanales para varios medios de prensa.

Otros títulos de Neo Club Ediciones

La penumbra de Dios
(Colección Ensayo)
Manuel Gayol Mecías

Erótica
(Colección Narrativa)
Armando Añel

El salto interior
(Colección Ensayo)
Ángel Velázquez Callejas

Mi tiempo
(Colección Triunfadores)
Humberto Esteve

Para dar de comer
al perro de pelea
(Colección Poesía)
Luis Felipe Rojas

Anábasis del instante
(Colección Poesía)
Tony Cuartas

Hábitat
(Colección Poesía)
Joaquín Gálvez

Café amargo
(Colección Poesía)
Rafael Vilches

El verano en que Dios dormía
(Colección Narrativa)
Ángel Santiesteban Prats

Siete historias habaneras
(Colección Narrativa)
Augusto Gómez Consuegra

La chica de nombre eslavo
(Colección Narrativa)
Roberto Quiñones Haces

Café sin Heydi frente al mar
(Colección Poesía)
Víctor Manuel Domínguez

Toca al corazón que late
(Colección Poesía)
Nilo Julián González Preval

Donde crece el vacío
(Colección Narrativa)
Ernesto Olivera Castro

121 lecturas
(Colección Crítica)
José Abreu Felippe

Hacia los negros en Cuba
(Colección Ensayo)
Maybell Padilla y
Víctor Betancourt

Crónicas de guayaba y queso
(Colección Testimonio)
Belkis Perea

Así lo quiso Dios y otros relatos
(Colección Narrativa)
Orlando Freire

El libro de La Habana
(Colección Narrativa)
Juan González-Febles

Los tigres de Dire Dawa
(Colección Narrativa)
Luis Cino

Historias de depiladoras y
batidoras americanas
(Colección Testimonio)
Jorge Ignacio Pérez

Isla interior
(Colección Testimonio)
Yoaxis Marcheco

El abismo por dentro
(Colección Narrativa)
Guillermo Fariñas

Logos y axiomas
(Colección Ensayo)
Juan F. Benemelis

Los hombres sabios
(Colección Poesía)
Rafael Piñeiro

En Blanco y Trocadero
(Colección Narrativa)
Nicolás Abreu Felippe

Quemar las naves
(Colección Poesía)
Jorge Olivera

La fiesta de Florinda y
otros relatos
(Colección Narrativa)
Rebeca Ulloa, Usamat Hamud y
Lourdes Cañellas

Mi vida junto a Margo
(Colección Triunfadores)
Claudio Ramos Iraola

Proscripción
(Colección Narrativa)
Topacio Azul

Yo Augusto
(Colección Poesía)
Augusto Lemus

El tigre negro
(Colección Narrativa)
José Hugo Fernández

La extraña familia
(Colección Narrativa)
Maribel Feliú

Ciudad imposible
(Colección Poesía)
Ileana Álvarez

Guetto (Colección Poesía)
José Alberto Velázquez

Made in the USA
San Bernardino, CA
23 June 2016